Le dimanche avec

(souven

Léo Larguier

Alpha Editions

This edition published in 2023

ISBN : 9789357963954

Design and Setting By
Alpha Editions
www.alphaedis.com
Email - info@alphaedis.com

Contents

I

Une Sous-Préfecture.

Si j'avais aimé la peinture, en 1901, comme je l'aime aujourd'hui, je crois que j'aurais pu écrire un beau livre sur Paul Cézanne, mais j'étais soldat de deuxième classe à Aix-en-Provence et j'avais vingt ans.

Depuis, quelques amis, qui sont au courant de mon intimité avec le vieux maître, m'ont souvent prié de ne pas laisser perdre mes souvenirs.

—«Vous avez eu la fortune, me disaient-ils, de vivre pendant plus d'une année avec Cézanne, racontez ce que vous savez, cela intéressera toujours les peintres...»

L'autre jour, après un petit article publié dans un journal, à propos d'une décision du Conseil municipal de Marseille qui donnait le nom de Paul Cézanne à l'antique place d'Aubagne, un camarade, que je n'ai pas revu depuis l'époque où nous apprenions ensemble à porter et présenter l'arme en décomposant, depuis le temps où nous faisions dans la même escouade les mêmes gestes rituels et cocasses, m'écrivit.

Il avait lu ma chronique et elle l'avait ému.

Il se souvenait du vieillard qui m'attendait devant la porte de la caserne de la Charité, à l'heure où les pauvres, comme on dit là-bas, arrivaient pour assister à la distribution de la soupe qu'ils allaient manger sous de très beaux platanes, dans les ustensiles les plus imprévus, des gamelles hors d'usage, des boîtes de conserves, et parfois, dans des poteries paysannes, décorées de verts acides et de rouges vifs qui se vendent peut-être cher aujourd'hui chez certains brocanteurs.

Mon compagnon d'armes, qui est instituteur en Provence, m'a décidé. Sa lettre devait contenir le mot simple et décisif qu'on ne m'avait jamais dit. Je me suis assis sur mon divan comme je m'asseyais jadis au bord de mon lit de soldat, et j'ai laissé monter les souvenirs, et il m'a semblé que je songeais à une époque révolue depuis des siècles.

Paris, que je venais de quitter, ne connaissait encore que les omnibus à chevaux et les fiacres aujourd'hui disparus et à peu près pareils à ceux du Second Empire.

Le général, qui était sans doute ministre de la guerre, avait été fait lieutenant le soir de Rezonville ou de Reischoffen, et nous étions presque semblables aux lignards de Mac-Mahon et de Faidherbe.

Il me semble avoir été troupier à l'époque où l'on préparait l'expédition de Crimée, au moment où M. de Bismarck prenait sur lui de falsifier la dépêche d'Ems. Les militaires ne buvaient du vin qu'à l'occasion de la fête nationale ou d'une revue; la soupe et le bœuf étaient quotidiens, et, les jours de gala, un caporal et quatre hommes qui marchaient au pas cadencé allaient chercher en ville le plat au four confié au boulanger. On nous tenait en haleine par de perpétuelles manœuvres en campagne, des alertes et des embarquements de nuit, et l'adjudant qui nous faisait réciter la théorie nous apprenait que c'était avec ses jambes que le soldat français avait gagné toutes les batailles et gagnerait les prochaines. De cet humble gradé au général qui commandait la division, tous nos chefs étaient de cet avis. Ces stratèges, dont les moindres paroles nous paraissaient tirées d'un infaillible évangile guerrier, n'avaient pas prévu les tranchées de 1914.

Quoi qu'il en soit, cette époque devient étrangement lointaine; nous en avons été brutalement séparés par un cataclysme, et on pourrait dire, sans exagérer, en parlant d'elle: la vieille France ou l'ancien régime.

Les photographies qu'on retrouve et qui datent de 1895 ou de 1902 ont l'air de daguerréotypes; les femmes portaient des manches gigot, leurs jupes balayaient le trottoir, et elles étaient presque vêtues comme les femmes du *Balcon* de Manet.

Je ne suis pas loin de croire que l'Exposition universelle fut la dernière fête éblouissante d'une civilisation tranquille. Les journaux illustrés montraient M. Cormon dans un atelier romantique comme en ont les peintres dans les romans de Maupassant. Le dernier Salon que j'avais vu était pareil à beaucoup d'autres: M. Chocarne-Moreau n'avait envoyé ni marmiton, ni enfants de chœur. Il exposait deux petits Savoyards (qui avaient peut-être servi la messe dans leur pays), en train de subtiliser une fiole de Champagne à un fêtard endormi contre une palissade, dans une souquenille de pierrot, au lendemain d'un bal masqué.

La maison de Toulouse était victorieuse de la maison de Montfort, dans une toile de J. P. Laurens. M. Bonnat n'avait pas fait de portrait, et on se permettait de discuter sa *Vue du pays basque, à Saint-Jean-de-Luz*. Il était meilleur dans la figure!

L'illustre M. Bouguereau n'était pas en progrès. Roll avait peint, grandeur nature, le Tzar, la Tzarine et M. Félix Faure, majestueux comme un empereur légitime en habit noir. On trouvait que les *Espagnoles* de M. Zuloaga étaient du très bon Manet, et que le portrait de *Jean Moréas* par La Gandara était un chef-d'œuvre digne des grands Espagnols!

PONTOISE

PAUL CÉZANNE en 1861

Rodin exposait une *Ève* qu'on jugeait *déconcertante* et un buste de Falguière. Ce dernier, par contre, exposait un *Balzac* qu'on lui avait commandé après le scandale causé par celui de Rodin.

Rien ne manquait à *la liste officielle et complète*. On pouvait admirer un grand nombre de *Baigneuses*, de *Venises au crépuscule*, de *Léda* et de *Jehanne d'Arc*. *Carmen Sylva* voisinait avec *Deschanel* ou le général *Brugère*, et il y avait des *Effets de neige* et des *Marchés bretons*, des *Retours de pêcheurs à Concarneau* et des *Meules de foin*, des *Amandiers en fleurs* et des *Troupeaux à l'abreuvoir*, des *Escadres françaises saluant les yachts russes*, des *Bédouins en prière*, des *Matins de Toussaint au Père-Lachaise*, des *Inquisiteurs*, des *Toréadors*, et toujours d'innombrables natures mortes et quelques Roybet cramoisis.

C'est à l'époque où ce Salon, qui était jugé supérieur à tous les autres, florissait, qu'on me présenta à Paul Cézanne.

La petite ville où je faisais mon service militaire le tenait pour un maniaque, et il portait, sous une houppelande, un tricot de laine brune contre lequel il avait dû appuyer sa palette, en revenant du *motif*.

*
* *

Il me tira un grand coup de chapeau, ce qui ne fut pas pour me mettre à mon aise, car les militaires sans galons n'ont pas coutume d'être salués si bas, et j'étais, de plus, éperdu de timidité.

Je vis qu'il était chauve avec une couronne de cheveux argentés et fins.

On l'a dépeint cent fois.

Les uns trouvent qu'il ressemblait à un vieux divisionnaire bourru; d'autres ont cru voir une sorte de vagabond halluciné au nez violet et aux yeux rouges, mal embouché et toujours irrité.

Aucun de ces portraits n'est exact, et ceux qui représentent Cézanne hirsute et crasseux sont de mauvaises caricatures, exécutées par des artistes qui ne connaissaient pas la province.

On n'y est guère élégant et on y pratique un laisser-aller commode.

Je me souviens d'une petite scène qui explique assez bien cela.

Passant quelques jours dans les Cévennes, je vis un matin, à la porte du jardin, un vieil homme qui demandait mon père. Je fus le prévenir, dans sa vigne, et je lui dis:

«C'est un pauvre qui attend...»

Mon père me regarda en pensant certainement que l'air de Paris ne me valait rien.

«Un pauvre? Mais c'est M. Plantier, l'ancien entrepreneur. Il vient d'acheter le domaine des Beaumes, qui vaut plus de cent cinquante mille francs!...» '

Ce propriétaire de marque était vêtu comme un vieux maçon sans travail, et on l'eût arrêté sur les boulevards, où la mendicité est interdite.

Dans les petites villes, la toilette n'existe pas quand on a passé l'âge de plaire.

Un élégant né entre la Madeleine et l'Opéra ne peut pas comprendre.

Lorsqu'un dessinateur parisien représente, dans quelque feuille illustrée, un mail de sous-préfecture où devisent le conservateur des hypothèques et le percepteur, la terrasse du Gambrinus ou du café du Commerce où sont attablés, devant leurs bocks, de bons habitués, il nous montre perpétuellement d'antiques birbes vêtus de redingotes moisies, coiffés de tubes qui datent de la présidence de Mac-Mahon, échangeant des idées périmées, sous des platanes séculaires.

C'est fort exagéré.

La province n'est pas ridicule, mais on n'y suit pas la mode comme à Paris; les hommes d'un certain âge ne s'y mettent pas en frais de coquetteries et ils semblent affectionner et user les cravates qu'on portait quand ils avaient vingt ans.

Je ne sais pas si Aix est devenu une sous-préfecture élégante, mais, vers 1900, Cézanne était, à mon avis, mieux et plus confortablement vêtu que la plupart des Aixois.

Il était riche. Sa sœur, Mlle Marie, avait placé près de lui une servante fort dévouée, et s'il lui arrivait, en travaillant, de tacher son pantalon de jaune de chrome ou de vert émeraude, Mme Brémond savait manier la benzine.

Peut-être, lorsqu'il était jeune, et qu'il allait peindre aux environs d'Auvers, de Pontoise ou de Fontainebleau, le vit-on passer, les cheveux en broussaille, et la barbe hirsute, coiffé d'une mauvaise casquette, vêtu, à cause du froid, d'une limousine de roulier.

Je trouve cet équipement fort naturel. Pissarro, qui accompagnait alors Cézanne, ne devait pas être habillé d'une autre façon, et les peintres les plus élégants et les plus académiques, ceux qui ne plantent leur chevalet que dans les salons, seraient bien obligés de mettre des gros souliers pour aller du côté de l'Oise, après la pluie, à travers les prés trempés et les terres mouillées.

Les légendes ont la vie dure.

Cézanne, que je vis plusieurs fois par semaine pendant près de deux années, n'arborait pas, évidemment, les cravates sensationnelles, ni les capes romaines de Carolus-Duran, et il ne ressemblait pas à un svelte et fatal hidalgo, comme Antonio de La Gandara qu'on m'avait montré au quartier latin, avant mon service militaire.

Il avait cette aisance solide que donne une vie toujours assurée et que ne troubla jamais l'ombre d'un souci matériel.

S'il mettait en hiver un tricot de laine qu'on voyait sous sa jaquette, cela ne détonnait pas beaucoup sur le cours Mirabeau ou la place de Saint-Jean-de-Malte, et c'était parfait pour aller peindre aux Pinchinats ou au Tholonet. Il s'y rendait souvent en voiture.

Le même cocher faisait arrêter, devant le n° 23 de la rue Boulegon, deux vieux chevaux blancs et tranquilles qui traînaient doucement une antique calèche fermée et capitonnée d'un velours au rouge passé.

On trouve encore des équipages pareils en province. Ils ont l'air d'avoir cahoté la noblesse du pays sur les chemins de l'exil.

Cézanne s'y engouffrait avec ses toiles et ses boîtes, et la voiture s'en allait paisiblement vers le motif et de furieuses séances. Cela ne manquait pas d'allure.

Je l'ai accompagné quelquefois. Il me tolérait derrière lui pendant qu'il travaillait farouchement.

Il raclait la toile de la veille, nettoyait sa palette, et, sous le couteau, des copeaux de jaune de Naples, d'ocre rouge, de vermillon, de laque de garance et de noir de pêche ressemblaient à des déchets de fleurs dans l'herbe sèche et aromatique. Le vieillard levait les yeux et, faisant allusion à toute cette dépense de couleurs qu'il gâchait sans calculer, me disait en souriant:

«Je peins comme si j'étais Rothschild!»

*

* *

Depuis cette fin de septembre 1902 où je quittai la caserne avec mon livret militaire dont la dernière page m'emplissait de joie, puisque le chef de bataillon commandant le détachement avait signé la feuille de route qu'on donne à «un homme renvoyé dans ses foyers», depuis cet automne lointain je n'ai pas revu Aix-en-Provence.

Lorsque j'y songe, je revois une petite ville à demi morte d'où Balzac eut rapporté d'extraordinaires études.

La vieille sous-préfecture n'est plus extrêmement précise pour moi, et je la vois au fond de souvenirs vivants mais brumeux.

C'était une petite ville sans animation, ni commerce, qui s'abritait du soleil sous de merveilleux platanes. Des fontaines murmuraient sur un mail presque toujours désert, et rien ne semblait y fonctionner très bien, ni la Cour d'appel, ni l'École d'arts et métiers, ni la Faculté, ni les quelques usines où l'on fabriquait des dragées, des *calissons* et des allumettes, ni le foiral.

Le musée, l'archevêché, les églises et les vieux hôtels aux fenêtres fermées y étaient, par contre, à leur place. L'atmosphère d'Aix leur convenait parfaitement.

De petits rentiers, dont l'unique souci était de tuer l'après-midi, regardaient jouer aux boules ou recherchaient en hiver les cagnards à l'abri du mistral.

La ville, qui était une vieille dévote de province, ne manquait tout de même pas de grandeur. Les glaces levées d'une ancienne calèche montraient quelque noble dame parcheminée ou haute en couleur, un nez impérieux, des bajoues couperosées de *comtesse d'Escarbagnas* et de *tante Portal*, une toilette de soie qui n'appartenait à aucune mode, sauf peut-être à celle que lançait la reine Amélie; c'était une douairière au nom sonore qui faisait quelques visites ou qui regagnait l'hôtel moisi et splendide dans lequel rien n'avait bougé depuis le temps où Mgr le duc de Villars était gouverneur de Provence.

D'antiques gentilshommes, qui portaient des cols de chemise pareils à ceux de Guizot ou de Royer-Collard, des plastrons blancs piqués d'une épingle surmontée d'un tortil, avaient un peu les façons des vieux roquentins qui dînaient jadis aux *Frères Provençaux* ou dans les restaurants du Palais-Royal.

Il me plaisait de penser qu'ils étaient des héraldistes accomplis, et qu'ils rimaient des vers dans la langue du maître de Maillane, félibres amateurs, latinistes distingués et séparatistes convaincus.

L'aristocratie ne se montrait guère et recevait peu. On affirmait qu'il y avait de l'herbe entre les pavés des cours d'honneur, et des champignons, sur les pastels du XVIIIe siècle qui décoraient certains salons.

La noblesse de robe n'était pas beaucoup plus vivante.

Des magistrats, qui semblaient descendre des solennels présidents à mortier, n'arpentaient le cours ombragé qu'une serviette sous le bras, en allant au Palais de Justice, saluant cérémonieusement l'archiprêtre-doyen de la cathédrale, le vicaire général ou quelque gros chanoine qui appartenait à une académie départementale pour ses savants ouvrages sur le roi René, la numismatique ou la langue d'oc.

Un colonel à barbiche blanche passait à cheval, sous les beaux platanes, méditant sans doute une phrase de son rapport et songeant qu'il y avait au moins quinze jours qu'il n'avait prescrit de faire tondre ses fantassins au dernier cran de la tondeuse...

C'est là que Paul Cézanne était venu vivre définitivement, à la fin de 1899!...

II

23, rue Boulegon.

J'aurais voulu voir les grands commissaires-priseurs du roman, les experts infaillibles de la littérature au seuil de la salle à manger de Paul Cézanne.

Ceux qui font entrer le lecteur dans un appartement où le propriétaire n'est pas encore, et qui se livrent, en l'attendant, à des inventaires minutieux, n'auraient pas tiré de cette pièce dix lignes de description.

Les psychologues qui se plaisent à créer une atmosphère, selon des procédés de tapissiers, n'y auraient rien compris.

Les romanciers qui excellent à meubler des intérieurs d'artistes n'auraient pu placer là leur bric-à-brac somptueux: les lustres de Venise, les canapés recouverts d'étoffes persanes ou de chapes abbatiales, les bahuts d'altesses lombardes, les fauteuils de prieur, les saints dorés, les faïences et les dinanderies splendides, et dans un coin, parmi des orchidées, le chevalet du maître offrant un portrait de duchesse aux visiteurs éblouis.

Je suis même persuadé que si, après le fretin et le gratin de la description, on eut montré la salle à manger de Cézanne à M. de Balzac lui-même, sans lui dire qu'un grand peintre avait coutume de prendre ses repas dans cette pièce, il se fut passablement trompé.

Sans doute, eut-il attribué ces murs nus, ces six chaises, cette table ronde en noyer ciré et cet humble buffet que décoraient un litre et une assiette de fruits, à quelque modeste rentier sans souvenirs, veuf ou célibataire, car rien ne permettait de supposer qu'une femme vivait là.

Ah! le père Cézanne n'était guère bibeloteur; il n'avait jamais songé à prendre le genre artiste, à se composer un de ces intérieurs de peintre à la mode vers 1880, montrant dans un désordre pittoresque des poufs de cocotte, des divans de grand vizir au-dessus desquels brillaient les aciers bleuâtres des panoplies, entre un bahut du XIVᵉ siècle et une loggia à l'italienne, tout cela noyé de lumières tamisées et d'ombres savantes, parmi des plantes vertes dans des pots chinois, des draperies et des anges dorés élevant des lampes voilées, des tables de style offrant, sur des dentelles, un service à thé pour les belles admiratrices et des verres taillés pour le porto.

Il possédait strictement ce qu'il faut à un homme d'âge qui vit seul, qui mange un morceau et qui ne s'attarde pas, après son déjeuner, à fumer des cigarettes orientales en sirotant son café.

Au mur, une croix d'honneur dans un cadre, et une pipe sur la cheminée; on aurait pu se croire chez un vieux capitaine retraité. La capote noire de Mme Brémond, sa servante, sur une chaise, et le sorcier infaillible de la *Comédie Humaine*, lui-même, se serait cru en province, chez une dame veuve de condition modeste...

C'est la mère Brémond, comme disait Paul Cézanne, qui m'ouvrit la porte le dimanche où le maître m'avait prié à déjeuner.

Les cuisinières qui veillent à l'ordinaire d'un vieux monsieur seul n'aiment pas énormément les invités, mais Mme Brémond me témoigna tout de suite de la sympathie. Je le dus probablement à mon uniforme. En France, le militaire inspire confiance.

C'était à cette époque, car j'espère qu'elle vit encore, une brave femme robuste et ronde qui prenait soin de Cézanne avec la plus respectueuse sollicitude.

Le peintre, qui n'avait cependant pas coutume de mâcher ses mots et qui ne les choisissait pas toujours dans les plates-bandes académiques, ratissées à souhait, lui parlait avec bonté et mesure. Il l'appelait *Madame* Brémond quand il s'adressait à elle, et cette ménagère d'Aix eut, jusqu'à la fin, sa confiance.

Cézanne m'accueillit en levant les bras, et il me récita des vers badins faits en 1880, sans doute, par quelque rimeur oublié dont la muse fréquentait surtout le café-concert. Je n'arrive pas, malheureusement, à me souvenir de ce couplet.

Il me serra la main dans un grand geste, comme un paysan qui se décide et conclut un pacte, sur la place du Marché, puis nous nous mîmes immédiatement à table, et Mme Brémond apporta des petits pâtés chauds qui venaient de chez le pâtissier en renom, un gros homme qui ressemblait à Balzac, malgré ses cheveux frisés. Il ressemblait aussi à un vieux jurisprudent romain affublé d'une monumentale toque blanche de marmiton.

Cézanne me contait les histoires les plus innocentes, et quand il avait fini, il laissait retomber ses bras, d'un air accablé, en disant:

«C'est effrayant, la vie!...»

Tout de suite, il m'avoua qu'il était *un faible*, qu'il ne *réalisait pas*, que je lui paraissais *très équilibré* et que je devais venir souvent, car je lui apporterais *un appui moral*.

A cause du diabète qui lui interdisait le pain que je mangeais, il émiettait dans un bol de bouillon placé devant son assiette, une sorte de gâteau de régime, qui n'était qu'une mince croûte soufflée et qui avait l'air d'une fragile poterie vernie.

Il prenait ensuite ce pain détrempé avec une cuillère.

Mme Brémond servit une fricassée de poulet aux olives et aux petits champignons.

Cézanne me versait à boire et il citait en clignant de l'œil des passages entiers d'Horace et quelques sentences de l'école de Salerne, que les hommes de sa génération savaient par cœur.

Sa mémoire m'étonna, et le latin lui était familier.

M. Elie Faure en a parlé dans son livre: *Les Constructeurs*, dont un pieux chapitre est consacré à Paul Cézanne:

«...Sauf un long séjour à Paris, où il prit contact avec son siècle, il n'a jamais quitté Aix-en-Provence que pour y rentrer presque tout de suite. Son apathie rencontrait ailleurs trop d'obstacles inutiles et sa timidité trop d'occasions d'étrangler sa gorge et d'indisposer contre lui ceux auxquels il ne livra jamais une parcelle de son intelligence et de sa faculté d'aimer. Il y était né en 1839. Il y avait fait, au collège, de bonnes humanités. Non qu'il fût très ardent au travail. Mais, à cette époque, les maîtres faisaient plus souvent appel à la sensibilité qu'à la raison de leurs élèves. Ils négligeaient un peu les études scientifiques. Ils donnaient leurs soins aux langues mortes, et ni le grec ni le latin n'étaient tout à fait morts dans ce coin de terre antique où le roc est à fleur de sol, où les lignes des coteaux se détachent sur le ciel, où les villes sont pleines de ruines de temples, d'aqueducs, de théâtres, où les éléments méditerranéens de la race n'ont subi que peu de mélanges, où l'idiome populaire participe encore intimement du génie et de la structure du vieux langage maternel, comme les logements des pauvres qui avaient envahi jusqu'au début du dernier siècle les gradins, les couloirs, les vomitoires des arènes de Nîmes et d'Arles sans en altérer la courbe, la masse et l'accent. Cézanne garda de ses études une amitié particulière pour les vieux artistes latins qui lui révélèrent la poésie d'un monde dont il reconnaissait les horizons et les profils. Il les lisait dans le texte. Au cours des promenades qu'il faisait à travers la campagne aixoise avec ses rares visiteurs et les amis beaucoup plus rares, qui avaient, à Aix même, bravé le préjugé bourgeois et les railleries des sots pour venir lui demander la protection et l'encouragement de son esprit, tout était prétexte pour lui, les rencontres sur la route, la vue d'un attelage de labour, d'un vieux mur, la traversée d'un ruisseau, le passage d'un vol de pigeons ou simplement le bruit intime de son cœur, à demander à Virgile ou à Lucrèce l'appui de leur complicité...»

*
* *

On se demande souvent, pendant les longues rêveries devant le feu qui sont peut-être ce qu'il y a de meilleur sur cette terre, en compagnie de quels artistes on aurait voulu vivre.

Le père Corot devait mettre quelque chose de virgilien dans ses relations. Je le vois comme un bon célibataire sans égoïsme. Il aimait la sieste, le bonnet de nuit, les pipettes qu'il culottait doucement.

Il avait de l'ordre, et notait dans ses *Carnets* tous les menus événements et toutes ses pensées:

—Il est de la plus grande importance d'étudier les ciels. Tout dépend de cette étude.

—Il ne faut pas chercher, il faut attendre. J'ai toujours attendu sans me tourmenter et je ne suis pas malheureux.

—J'ai vendu Le Moine *au Havre: 500 francs.*

—Frison, coiffeur à Troyes.

—Commune de Troisgoz:

Habitants   633

Fumeurs   25

—Comptes:

Chemin de fer   Fr. 0.75

Dîner à Caen   3.10

Café à Caen   0.45

Tabac et pauvre   0.75

Son amitié devait être sûre et solide. Ce vieux garçon était délicat comme une jeune fille, et il avait une bonté naturelle.

Je l'ai souvent imaginé à Valmondois, faisant visite à Daumier que son propriétaire voulait expulser parce qu'il devait plusieurs termes. Corot avait simplement racheté la bicoque et en avait envoyé l'acte de vente à son ami en lui écrivant: «Maintenant, je défie bien ton propriétaire de te mettre à la porte...»

Le soir descendait sur la vallée de l'Oise et les deux amis étaient assis sur un banc du jardin apaisé. Une dernière abeille obsédait le cœur grenu des tournesols.

Le père Corot était vêtu comme un paysan à son aise, il avait apporté le bonnet qu'il mettait pour peindre et il fumait une pipe qui embaumait.

Il ne songeait même pas au geste admirable et fraternel qu'il venait de faire.

N'était-ce pas naturel, puisqu'il vendait assez bien ses *petites branches*, comme il appelait ses paysages, et puisque le vieux compagnon se débattait dans la misère, malgré son génie?

Le père Daumier avait un chapeau à larges bords et son rude visage était encadré par un collier de barbe auvergnate.

Leurs yeux, qui avaient surpris tous les secrets de la couleur et tous les jeux de la lumière, regardaient le soir tombant.

Au bord de la route, un bouleau sensible tremblait dans un argent vaporeux, dans des ondes gris-*perle, en l'honneur de Corot, et du côté des bois la nuit était presque venue, et au bas de ce ciel et sur ces immenses pans d'ombre crépusculaire, Daumier eût pu poser sa signature prestigieuse...

On pouvait s'entendre aussi avec Daumier; il était sans doute plus difficile de vivre avec Manet, et Courbet était assurément compromettant. Ce grand peintre, le mieux doué peut-être de son temps, devait avoir du rapin et du maçon, avec sa barbe, sa bedaine de Gambrinus et son accent franc-comtois qu'il se plaisait à exagérer.

J'admire énormément Courbet, mais je n'aurais pas voulu le connaître.

Pendant deux années, j'ai vu assidûment Paul Cézanne, presque chaque jour, et il n'y a pas eu une ombre entre nous.

On l'a montré sauvage, hargneux et persécuté, il devait être seulement très timide et il fallait avoir sa confiance...

*

* *

Je me suis souvent assis à sa table, le dos au poêle, et lui était assis devant moi, près du petit buffet.

Je crois que pendant plus d'un an j'y ai déjeuné chaque dimanche.

Un matin, le maître m'annonça qu'il avait invité un peintre, et je vis arriver un militaire du 55e de ligne qui tenait garnison à Aix.

Il avait une barbe noire et des yeux graves.

C'était Charles Camoin.

Il était gentiment ému, comme un jeune homme qui a l'honneur d'être reçu par un vieil artiste qu'il admire, et le repas fut charmant, cordial et gai.

Louis Aurenche, qui faisait alors un stage dans un bureau de l'enregistrement, partageait avec nous ce déjeuner et Cézanne avait pour lui une vive affection.

On n'en était pas encore au rôti, que le vieillard se leva et disparut.

Camoin avait apporté quelques études. Il allait les voir.

Nous entendîmes, tout de suite, les éclats de sa voix:

«Monsieur Aurenche! Monsieur Larguier!... Venez vite... mais c'est qu'il est très fort, le bougre! Il faudra qu'il me protège quand il retournera à Paris...»

Mᵐᵉ Brémond put enfin servir le rôti qui attendait dans sa cuisine.

Cézanne était franchement ravi, ce jour-là, d'avoir vu les études de son jeune confrère.

—On devrait exécuter dix mille peintres par an, affirma-t-il.

—Mais qui donc serait chargé de choisir? dit Camoin.

—Et nous, parbleu! cria le vieux peintre en martelant du poing la table.

Puis, brusquement taciturne, repris par le démon tyrannique qui se plaisait à le troubler en lui montrant des reflets mystérieux, il toucha de ses gros doigts qui paraissaient gourds, d'abord la panse d'une bouteille, ensuite le bord d'un compotier placé à côté, il nous regarda, inquiet, et murmura:

«Voilà!»

Lorsque Mᵐᵉ Brémond vint desservir et qu'elle enleva ce flacon et cette faïence, le maître la suivit des yeux, et je crus, pendant quelques secondes, qu'il allait lui ordonner de laisser tout cela tranquille, parce qu'elle emportait, sans s'en douter, la fiole et le plat sur lesquels lui étaient apparus les rapports secrets et fugitifs des choses entre elles...

III

L'Aumône à Humilis.

Cézanne allait à la première messe, le dimanche. Il mettait ce jour-là une jaquette, une cravate plus fraîche, une chemise blanche et un de ces chapeaux hauts de forme, d'un feutre mat, qu'on appelait alors des *Cronstadt*.

Il allait à l'église, comme un vieux provençal qui habite une antique petite ville où il est d'usage d'accomplir ses devoirs religieux, mais, au fond, et bien que croyant, il n'était inquiet que de son art et il avait une métaphysique d'artiste.

Je le regardais à la dérobée, assis sur sa chaise de bois blanc et de paille, semblable à un paysan endimanché, et plus de vingt ans après, il me plaît d'imaginer la prière qu'il disait, sans remuer les lèvres:

—«Seigneur, que votre volonté soit faite et non la mienne.

—Si vous l'aviez voulu, au lieu d'être là, avec ces servantes et ces petits bourgeois matinaux qui sont couchés le soir à neuf heures, j'aurais sans doute un atelier du côté de Vernon ou de Marlotte et M. Mirbeau viendrait y manger quelquefois la poule au pot, et il me prêterait son appui.

—Il me semble que je suis un homme de bonne volonté, et, malgré ma lassitude, je lutte chaque jour avec l'ange, comme Jacob.

—J'affectionne le chapitre de la *Genèse* où est relaté ce combat: «*Or, Jacob, étant demeuré seul, un homme lutta avec lui jusqu'à ce que l'aube du jour fut levée...*

—*Et cet homme lui dit: Laisse-moi, car l'aube du jour est levée. Mais il dit: Je ne te laisserai point que tu ne m'aies béni...*»

—L'ange que vous m'avez envoyé est plus terrible que cet agresseur nocturne, c'est cette sacrée nom de Dieu de peinture[A] qui me tourmente dès le petit jour. Il est difficile de comprendre et de s'exprimer, mais je me bats dans l'ombre et l'ange finira bien par me bénir, car je crois que je suis peintre et que j'ai le sens de la composition et des volumes.

—Vous savez avec quelle ferveur je regarde les choses que vous avez faites: les pommes, les branches pleines d'air bleu, une puissante roche qui semble à genoux dans l'herbe du soir, une colline à travers les aiguilles des pins, tout ce que j'essaye de ne pas déshonorer.

—Aucun homme n'aura regardé la nature avec tant de patience, et j'aurais tout réalisé depuis longtemps, si s'exprimer lucidement en peinture n'était une tâche surhumaine.

—Vous avez eu moins de mal, mon Dieu, pour créer le pommier avec ses pommes, le serpent du Paradis et cette Ève redoutable et nue dans ses cheveux.

—Peindre les ciels, cela doit compter pour le salut d'une âme, et vous avez sauvé tous les bons peintres. Le père Corot avait coutume de dire: «Il est de la plus grande importance d'étudier les ciels, tout dépend de cette étude.»

—Cela a la force péremptoire d'un argument théologique.

—Travailler sur le motif est une occupation de saint, car c'est vous qu'on cherche derrière les choses.

—Seigneur, pour tous mes compatriotes, je ne suis qu'un rentier maniaque, de caractère difficile, et les mieux renseignés croient que je poursuis un rêve fantasque.

—Vous n'avez pas voulu que je demeure dans l'impressionnisme, vous m'avez fermé le salon de M. Bouguereau, et je ne connaîtrai jamais, comme tel ou tel que je ne nommerai pas, des admirations radicales-socialistes, car c'est là que sont allés mes vieux compagnons de départ.

—Mon Dieu, bénissez mes plans et mes volumes, gardez-moi de tous ceux que vous savez, et faites que je réalise ce pour quoi vous m'avez sans doute mis au monde: *Vivifier Poussin d'après nature...* Ainsi soit-il!...»

*
* *

Je l'ai accompagné à l'église deux ou trois fois.

En été, le réveil sonnait dès l'aube, dans les casernes, et si l'on avait une permission de la journée, on pouvait sortir après le café du matin.

Astiqués, fourbis, tondus, les boutons passés au tripoli et les guêtres au blanc d'Espagne, les épaulettes ajustées et le pompon au képi, ceux qui étaient maîtres de leur dimanche passaient devant le sergent de garde dont le commandement exigeait, ce jour-là, des qualités de grand couturier.

Je dois dire que nous n'étions pas nombreux. L'Ardèche et la Corse assuraient presque en ce temps-là le recrutement du 61e de ligne, et les braves garçons dépaysés ne sortaient pas souvent et n'auraient su que faire de toute une longue journée.

Ce n'est pas seulement:

«Dans le service de l'Autriche»

que:

«Le militaire n'est pas riche.»

Il fallait bien compter vingt-cinq ou trente sous pour le déjeuner, autant pour le dîner; six sous pour un apéritif, dix sous pour la bouteille de bière qu'on offrait l'après-midi à quelque grande fille brune qu'on allait voir dans un bar généralement consigné à la troupe, et deux francs pour avoir le droit de la suivre dans une chambre minuscule où elle était immédiatement nue sur une couverture sale.

Le troupier qui ne disposait pas d'au moins sept francs n'avait qu'à passer son dimanche à la caserne.

C'était un bon jour immobile et désert, et, au réfectoire, s'il y avait des permissionnaires dans l'escouade, on touchait parfois davantage de pitance.

*
* *

Quinze ou seize ans après cette époque où je jouais au soldat à Aix-en-Provence, dans un village picard ravagé par les obus de gros calibre, il m'est arrivé de penser au matin où j'avais accompagné Paul Cézanne à la messe.

Nous allions au repos dans cette bourgade incendiée et ruinée, à deux kilomètres des lignes et toujours canonnée aux mêmes heures.

On y demeurait huit jours, en descendant des tranchées, et, tout de suite, je retrouvais avec plaisir mon sommier sans paillasse ni matelas, dans une niche, au-dessous de l'escalier d'une fabrique de bonnets et de tricots.

J'avais tendu les murs de papier d'emballage et j'y avais accroché quelques vieilles gravures coloriées à la mode de 1830.

Une surtout me ravissait.

Elle représentait un ancien jeune homme élégant et on lisait, près du cadre:

«*Hippolyte ou le Lion à la mode.*»

J'avais trouvé dans le grenier quelques volumes, parmi des lettres, des faire-part, des factures et de vieilles photographies.

J'avais aussi découvert quelques exemplaires de la *Revue Bleue*, où je collaborais avant la guerre, et cela m'avait ému.

En les feuilletant, un soir pluvieux d'été, paisible et vert malgré l'épouvantable voisinage, je tombai sur une étude qui m'avait échappée en 1910 ou en 1912, je ne me souviens plus de la date exacte.

Les pages que je lus, assis sur mon sommier, étaient consacrées à Humilis.

Le poète Germain Nouveau, qui avait vécu à Paris, de la même vie que beaucoup d'écrivains, ayant dit adieu au boulevard, aux cafés littéraires et au siècle, était devenu une sorte de vagabond.

Mendiant en Provence, homme de peine à bord des bateaux qui se livrent au trafic le long des côtes méditerranéennes, il avait publié sous le nom d'*Humilis* un volume de vers dont on citait d'admirables fragments.

En voici quelques-uns, qui sont parmi les plus beaux que je connaisse:

«Aimez vos mains afin qu'un jour vos mains soient belles,
Il n'est pas de parfums trop précieux pour elles.
Soignez-les. Taillez bien les ongles douloureux,
Il n'est pas d'instruments trop délicats pour eux.

«C'est Dieu qui fit les mains fécondes en merveilles;
Elles ont pris leur neige aux lys des Séraphins,
Au jardin de la chair, ce sont deux fleurs pareilles,
Et le sang de la rose est sous leurs ongles fins.

«Il circule un printemps mystique dans les veines
Où court la violette, où le bluet sourit:
Aux lignes de la paume ont dormi les verveines:
Les mains disent aux yeux les secrets de l'esprit.

«Les peintres les plus grands furent amoureux d'elles,
Et les peintres des mains sont des peintres modèles...
«Ce sont vos mains qui font la caresse ici-bas
Croyez qu'elles sont sœurs et des lys et des ailes;
Ne les méprisez pas, ne les négligez pas
Et laissez-les fleurir comme des asphodèles...
. . . .
«Vieillard, dont les cheveux vont tout blancs vers le jour,
Jeune homme, aux yeux divins où se lève l'amour,
Douce femme mêlant ta rêverie aux anges,
Le cœur gonflé parfois au fond des soirs étranges,
Sans songer qu'en vos mains fleurit la volonté,

Tous vous dites: «Où donc est-il, en vérité,
Le remède, ô Seigneur, car nos maux sont extrêmes!»
—Mais il est dans vos mains, mais il est vos mains mêmes...»
. . . .
. . . .

Ayant admiré ces touffes de vers cités au hasard, ces fragments de poèmes mutilés, je me pris à rêver devant la pelouse redevenue vierge que les obus déchiraient et creusaient d'entonnoirs.

En 1915, les hommes qui vivaient devant la ligne de feu, sous l'équateur de la guerre, dans la zone ardente interdite aux malades, aux faibles et aux personnes trop âgées, ont eu, je crois, un esprit prompt à s'embarquer avec tous les songes. Du pays inhumain où ils étaient, ils ont aperçu le vrai visage de la France, ils l'ont vu du haut de la cime dangereuse où ils devaient rester.

Cézanne m'apparut brusquement ce soir-là.

Une ancienne église dans un matin de cloches, un matin d'été, bleu d'outre-mer, sur la place de la sous-préfecture la plus endormie, calme de toute la paix qui était sur la vieille Europe modérée et que nous ne retrouverons sans doute plus...

Sous le porche, un homme à barbiche blanche, maladroit et inquiet, à côté d'un soldat, d'un tourlourou de l'époque où le troupier s'appelait Pitou dans les bouis-bouis et les alcazars où le chansonnait un comique en képi pompon et en pantalon garance, car à présent, on n'oserait plus, le *Train de 8 h. 47* ayant été transformé en train sanitaire tragique et lugubre, avec ses portières écussonnées de croix sanglantes...

C'était Paul Cézanne et c'était moi!...

Je revis nettement ce matin de dimanche comme une vieille image coloriée qu'on retrouve dans un tiroir.

Un pauvre, devant le portail, tendait une tasse de fer-blanc, pareille à ces quarts dans lesquels nous buvions le café à goût d'iode, et Cézanne y glissa une pièce de cinq francs.

Il me prit le bras, et quand nous eûmes fait quelques pas, il regarda derrière lui, et il me dit:

«C'est Germain Nouveau!»

J'ai beau chercher aujourd'hui. Je revois exactement cette scène, mais je ne me souviens plus du visage de l'homme auquel le vieux peintre fit l'aumône.

Je compris qu'il devait le redouter sourdement, et que c'était peut-être une façon de se concilier le vieux vagabond qu'il estimait probablement dangereux.

Le nom de Germain Nouveau ne me dit pas grand'chose ce matin-là. Je savais vaguement qu'un écrivain que Verlaine avait connu s'appelait ainsi, et je pensais que ce vieux bohème, après avoir fréquenté les estaminets littéraires de la rive gauche, avait sombré corps et biens, mais cela ne m'impressionna pas beaucoup.

Seulement, quinze ans plus tard, en lisant ses vers dans une revue, sous l'escalier d'une maison à peu près ruinée par l'artillerie, une grande émotion m'étreignit.

Je reparlerai de Germain Nouveau, mais n'était-ce pas ce matin de dimanche où je vis Paul Cézanne lui faire l'aumône, que le vagabond composa les vers uniques que je citais et qui semblent dictés par une muse qui aurait écouté Platon devant la mer de Sunium, et chanté des cantiques, dans une chartreuse d'Assise, un lys à ses doigts fuselés, parmi les cierges catholiques?...

IV

Le baron Cochin et Nina de Villars.

BORDS DE LA MARNE

NATURE MORTE

On a dit que Paul Cézanne était affligé d'une de ces insurmontables timidités qui rendent presque infirmes ceux qui en sont atteints.

Il m'a raconté, lui-même, qu'un jour, il peignait aux environs de Paris, lorsqu'un cavalier arrêta sa bête à quelques pas de son chevalet. Il essaya d'amorcer une conversation, et, fort intéressé par la toile qu'il voyait, il voulut faire parler le peintre, proposa une visite à son atelier et fut charmant de la façon la plus intelligente.

Il y perdit sa peine. Cézanne ne lui répondit que confusément. Le cavalier repartit en laissant sa carte.

Cézanne me dit:

«C'était le baron Cochin... il s'y connaissait en peinture, et j'ai eu tort de ne pas être aimable. J'aurais trouvé là un appui, moi qui étais déjà un faible... C'est effrayant, la vie!...»

André Salmon parle de cette rencontre au début du volume qu'il consacre à Cézanne.

Il me permettra de recopier ici ces pages charmantes:

«Par une belle matinée de printemps, dans les premières années de ce siècle, deux brillants cavaliers parcouraient la plaine d'Aix-en-Provence. Ils avançaient d'un pas égal, bien droits tous deux sur leurs montures de race, encore que l'un eût du poil blanc et que l'autre n'eût encore qu'un peu plus que du duvet au menton. On les devinait, au seul coup d'œil, hommes du premier rang. Sans doute avaient-ils franchi, à la pointe du jour, l'un de ces hôtels de la vieille ville royale qui n'est plus guère qu'un caravansérail pompeux de chats-fourrés et de pédants; toques rondes et bonnets carrés.

«Devant eux, la plaine. Et dans la plaine, à cet endroit précis que la plaine se couronnait d'un «motif» puissant et le moins «pittoresque» de pins et de mélèzes, un homme, un vieillard, avait planté son chevalet et peignait là. Un homme, ce vieillard, qui eût, sans doute, mieux figuré que devant son chevalet, au jardin de l'hôtel des deux cavaliers. Avec son large yocco et la serpillière bleue à grandes poches des jardiniers, ses vieilles mains ne devaient-elles pas se mouer mieux sur le sécateur que sur la brosse?

«Pourtant, suspendant d'instinct le trot de sa monture, ce fut d'une voix chargée d'autant de respect que d'émotion, que le jeune homme, à la vue du vieillard peignant, s'écria:

«—Père, voyez! Cézanne!

«Comme ils n'avaient rien que ralenti leurs chevaux de race, les deux cavaliers s'étaient tout de même approchés, et le père, qui avait les cheveux et la barbe aussi blancs que les cheveux et la barbe du vieux peintre, s'il avait le teint moins fleuri, le père, se plaisant—qui sait?—à jouer d'une faiblesse des yeux dont l'âge était la cause, répondit au jeune homme par une question:

«—Mais comment savez-vous, mon fils, que ce peintre est Cézanne?

«C'est alors que le fils fit à son père cette belle réponse, dénonçant à la fois une si rare fraîcheur de sentiment et une si intelligente passion des beaux-arts:

«—Père, vous ne voyez donc pas qu'il peint un Cézanne!

«Bien content de l'heureuse réponse de son fils, le père alors consentit sans peine à lui laisser voir qu'il avait feint. Le vieillard était M. Denys Cochin, député de Paris, noble champion de la cause catholique et protecteur intelligent de l'art le plus libre. Amateur d'une classe amoindrie de nos jours, au moins dont l'espèce est plus rare; fils d'un temps où le dernier des marchands en boutique eût rougi de recommander aux passants la «peinture moderne» ainsi que «de meilleur des placements».

«M. Denys Cochin, qui, au surplus, n'avait rien d'un «passant», eût certainement fait jeter hors de chez soi, par sa livrée, un tel bonimenteur. L'hôtel de la rue Barbet-de-Jouy n'était pas, en effet, ouvert à tout le monde. Mais on y accueillait les grands artistes. Cézanne y eût été reçu et traité en hôte de choix, s'il lui avait plu. Son œuvre, austère et radieuse à la fois, y triomphait sur les hauts murs, dominant celles d'une jeunesse hardie. Lors des brimades imbéciles, si basses, qui vinrent compliquer la raisonnable séparation, l'archevêque de Paris trouva en l'hôtel Denys Cochin un somptueux asile. Certes, il y avait alors belle lurette que la valetaille s'était appliquée à effacer sur les murs de l'escalier d'honneur, le *Vive la Sociale!* tracé d'une main gamine, et au crayon lithographique, par Bonnard, à l'issue d'un goûter offert par le grand droitier aux meilleurs Indépendants. Si cela fut épargné à Son Eminence, elle dut au moins coucher en un appartement comme tous les autres envahi, jusqu'à l'alcôve, de ces toiles peu faites pour contenter le quartier Saint-Sulpice. Les Cézanne, notamment, abondaient. Pommes de guingois; fessiers malaisément comparables à ceux des anges; baignades militaires, que sais-je!

«Dès potron-minet, M. Denys Cochin, ne laissant à nul autre ce devoir et cet honneur, vint chanter matines à son hôte. La nuit de Monseigneur avait été satisfaisante. Alors, désignant les Cézanne d'un geste bénin, M. Denys Cochin, bien content, murmura:

«—Votre Eminence admettra qu'on n'en dort pas plus mal.

«Le siècle est comme Son Eminence. Après avoir poussé les hauts cris, il commence d'admettre que cette peinture n'empêche ni de dormir, ni, surtout, de se réveiller bien dispos...[B]»

Le vieux peintre ne m'a conté pourtant, au sujet de cette entrevue, que ce qu'on a lu plus haut. Peut-être n'était-il pas, ce jour-là, en veine de confidences...

Quand Cézanne était à Paris, vers 1865, et qu'il apercevait à travers les vitres du café Guerbois, avenue de Clichy, tous ses amis fumant des pipes autour de quelques consommations, il avait envie de ne pas tourner le bec de cane de la porte.

Sur la banquette, Emile Zola parlait déjà avec une autorité de chef d'école; Manet avait l'air d'un dandy; Degas faisait des mots cruels; Léon Cladel agitait sa crinière sauvage, et Paul Cézanne devait surmonter sa timidité pour entrer, traverser la salle enfumée de nuages de tabac et serrer les mains qu'on lui tendait.

Dans son coin, ne sachant point pérorer, il songeait au Jas de Bouffan, à son atelier en désordre où personne ne devait pénétrer, au dernier étage de cette chartreuse provençale, d'où il voyait le mont de la Victoire, crêté de roches blanches, vers lesquelles des pins tentaient un assaut murmurant, les clairs et secs après-midi de mistral.

Que faisait-il parmi ces discussions et ces pipes? La vérité était là-bas, dans cette lumière natale et dans cette solitude où l'on pouvait, de l'aube au soir, s'enfermer, et faire, pour son seul plaisir, de la peinture «bien couillarde».

Ses amis fréquentaient chez Nina de Villars. Ils n'étaient pas comme lui. Ils faisaient des visites et ils aimaient se montrer.

Cette Nina de Villars était une bonne fille qui recevait, comme une princesse de la bohème, des écrivains et des artistes. Son hôtel était ouvert à tous, et on y allait sans aucune cérémonie.

Elle fut la muse du *Parnasse contemporain.*

La peinture ne semble pas avoir beaucoup préoccupé les poètes de cette génération, et ils ne pouvaient guère comprendre celle de Cézanne.

La grande Muse porte un peplum bien sculpté
Et le trouble est banni des âmes qu'elle hante...

Écrivait alors Catulle Mendès.

J'ai connu les derniers poètes de cette époque, vieux et illustres. J'arrivais à Paris, et ma bourse d'étudiant me permettait à peine d'acheter quelques reproductions photographiques des ateliers du Louvre, mais les toiles médiocres accrochées aux murs de leur cabinet de travail ne me faisaient pas envie.

Il y aurait une amusante étude à faire, à propos des goûts artistiques des écrivains.

Il est probable que, ni Lamartine, ni Musset, ni Alfred de Vigny ne furent jamais tentés de s'offrir un bibelot ou une toile.

Ils possédaient quelques portraits, des meubles de famille, et cela leur suffisait.

Victor Hugo se distrayait à disloquer d'antiques bahuts avec lesquels il fabriquait des coffres somptueux et barbares, des cathèdres de prieur gothique, et si son intérieur était celui d'un burgrave ou d'un baron féodal du XVIᵉ siècle, il ne possédait guère que les toiles ou les bustes que lui avaient donnés Boulanger et David d'Angers.

Les terribles et noirs dessins qu'il composait après son repas, avec—dit un de ses pieux biographes—du café, du jus de pruneaux, de l'encre, de la cendre de cigare, et tout ce qui tombait sous sa main, ornaient son mur.

Balzac n'eut sans doute jamais le temps de songer à sa maison, et il écrivit son œuvre immense dans une pièce nue qu'il ne parvint peut-être jamais à meubler.

Léon Gozlan a laissé une description des *Jardies* à Ville-d'Avray, où l'auteur de la *Comédie humaine* s'était réfugié:

«Ce qu'il projetait pour les *Jardies* était infini. Sur le mur nu de chaque pièce, il avait écrit lui-même, au courant du charbon, les richesses mobilières dont il prétendait la doter. Pendant plusieurs années, j'ai lu ces mots charbonnés sur la surface patiente du suc:

«Ici un revêtement en marbre de Paros;

«Ici stylobate en bois de cèdre;

«Ici un plafond peint par Eugène Delacroix;

«Ici une tapisserie d'Aubusson;

«Ici une cheminée en marbre cipolin;

«Ici des portes façon Trianon;

«Ici un parquet mosaïque formé de tous les bois rares des îles.

«Ces merveilles n'ont jamais été qu'à l'état d'inscriptions au charbon...»

N'importe, Balzac aimait les œuvres d'art. Il a décrit comme seul il pouvait le faire, avec un amour de collectionneur, l'entassement d'un fabuleux magasin d'antiquités, dans *La Peau de chagrin*; il a parlé peinture dans *Le Cousin Pons* et dans *Le Chef-d'Œuvre inconnu*, en amateur passionné.

Dans ses dernières lettres à Mme Hanska, il l'entretient du mobilier, des étoffes fastueuses et des tableaux qu'il rêve pour leur maison. A-t-il vraiment déniché et possédé ces trésors ou les a-t-il imaginés? Comme aux *Jardies*, peut-être, les meubles et les toiles illustres qui n'étaient, pour les autres, que des noms écrits au charbon, avaient pris forme à ses yeux, réels et splendides, contre les murs. Il croyait bien, le prodigieux créateur, à l'existence de *Madame Marneffe* et de *Rastignac!*

Gustave Flaubert n'eut que le goût des turqueries romantiques. Il aimait le cuir des selles arabes, les momies et les peaux d'ours, et ce grand artiste vécut dans une pièce de son pavillon de Croisset qui semblait avoir été ornée avec ces bibelots et ces tapis violents que d'anciens militaires rapportent d'un séjour en Afrique.

Théophile Gautier avait des bronzes de Barye et de Clésinger, et, dans son salon, on pouvait voir *Les Trois Tragiques* d'Ingres, la *Lady Macbeth* et le *Combat du Giaour* de Delacroix, une *Diane* de Paul Baudry, les *Pifferari* d'Hébert, la *Clairière* de Théodore Rousseau, une *Vue d'Orient* de Diaz, *Christ et Madeleine*, de Puvis de Chavannes, une *Tête de femme* de Ricard, une toile de Fromentin, et beaucoup d'autres tableaux voisinaient avec ceux-ci sans les valoir, mais Gérôme, Bonnat, Adolphe Leleux ou Robert Fleury les lui avaient donnés et il les avait accrochés dans sa galerie.

Sainte-Beuve possédait quelques solides meubles comme en ont les vieilles demoiselles de province, et, en art, il n'alla jamais plus loin que les aquarelles de la princesse Mathilde. Beaudelaire, lui, avait cherché, amassé et aimé d'authentiques pièces.

Les Goncourt eurent le goût des estampes et des dessins, mais leur passion du bibelot japonais fut peut-être moins heureuse. On songe tout de même aux toiles de Delacroix, de Corot, de Courbet, de Rousseau et de Daumier qu'ils auraient eu pour rien s'ils n'avaient exclusivement subi l'aimable envoûtement du XVIIIe siècle, de ses dessins, de ses gouaches et de ses sanguines, et s'ils n'avaient pas acheté chez Bing tant de crapauds aux yeux de jade et tant d'ivoires nippons.

Je n'imagine pas Leconte de l'Isle ajustant son monocle pour admirer une étude de Degas ou la *Femme à la Puce* de Cézanne.

Il devait en être resté à Apelle qui, quatre siècles avant Jésus-Christ, fit le portrait d'Alexandre.

De l'appartement de José Maria de Heredia, à l'Arsenal, je n'ai vu que le cabinet de travail, toujours embrumé par la fumée de ses petites pipes en merisier. C'était une pièce minuscule et je ne me souviens que d'un meuble vitré qui contenait quelques beaux livres, d'une table sur laquelle étaient des cigares, du tabac dans une coupe, et de deux ou trois dagues forgées par

Maurice Maindron. Il y avait aussi une réduction en bronze du *Combat des Centaures et des Lapithes*.

Catulle Mendès possédait seulement un très beau morceau: le portrait au pastel de Banville par Renoir; chez Coppée, il y avait beaucoup de livres, beaucoup de mauvaises peintures dont on lui avait sans doute fait cadeau, et, sur sa cheminée, le *Croisé*, qui tient dans ses mains écartées une banderolle sur laquelle on lit: *CREDO!*

Je suis à peu près sûr que le poète avait relégué dans le cabinet de son secrétaire, les rares bonnes choses qu'il pouvait avoir et auxquelles il n'entendait rien.

Un jour il me montra, en déplaçant des bouquins derrière lesquels elles étaient cachées, deux chimères accroupies, d'un bronze unique.

Il me dit que Rodin lui avait donné cela et qu'il était certainement le seul à posséder ces deux pièces que personne ne connaissait. La matière en était merveilleuse et elles me hantent encore, bien que je n'ai fait que les entrevoir, il y a plus de vingt ans, avec leurs reins étroits et leurs terribles croupes...

*
* *

Nous nous sommes éloignés du salon de Nina de Villars, où venaient les *Parnassiens* qui n'eurent, en art, d'autres curiosités que celle des mots rares et des rimes riches.

Cézanne reçut un jour une invitation. Il en fut naturellement fort troublé, et il m'a conté qu'après mille hésitations, s'étant enfin décidé à faire toilette, il était allé sonner à la porte de cette Muse.

Sans doute on n'attendait encore personne et il s'était présenté trop tôt.

Il attendit, sonna de nouveau, et la porte s'entre-bâilla, et il vit, éperdu, une femme de chambre qui était sûrement en train de s'habiller et de se faire belle pour la réception, car elle n'avait pas encore noué de splendides cheveux blonds.

«Ils descendaient jusque-là!» me disait le maître en touchant mon pantalon rouge à la hauteur du genou.

Cette fille lui dit, en souriant, qu'il n'y avait encore personne, et il se sauva, honteux et furieux, sans trouver un mot aimable.

Il m'a conté plusieurs fois cette petite mésaventure et j'aurais juré qu'il n'avait jamais plus sonné à la porte de Nina, si M. A. Vollard n'affirmait qu'il fréquenta chez elle et qu'il y rencontra un de ses admirateurs, le fantasque Cabaner.

«...Cézanne était même un des habitués de la maison de Nina de Villars, si accueillante aux poètes du temps. Tout s'y passait sans le moindre faste; on faisait réchauffer les plats pour celui qui n'avait pas dîné, on se serrait pour lui faire une place à table; enfin il y avait toujours de quoi fumer. Ce fut là que Cézanne rencontra Cabaner, un de ses admirateurs de la première heure.

«Cabaner était un très brave homme, un peu poète, un peu musicien, un peu philosophe. Il n'est que trop vrai que la fortune ne l'avait pas favorisé: mais il n'était jaloux de personne, si forte était sa croyance en son génie de musicien. Son sentiment intime n'en était pas moins que la destinée, dans son injustice, ferait de lui un méconnu. C'était de bonne grâce qu'il en avait pris son parti. «Moi,—aimait-il à répéter,—je resterai surtout comme philosophe.» Beaucoup de ses mots sont demeurés légendaires: «Mon père, disait-il, était un type dans le genre de Napoléon, mais moins bête...»

Pendant le siège de Paris, à la vue des obus qui pleuvaient, Cabaner questionnait curieusement Coppée: «D'où viennent ces boulets?» Coppée, stupéfait: «Ce sont apparemment les assiégeants qui nous les envoient.» Cabaner, après un silence: «Est-ce toujours les Prussiens?» Coppée, hors de lui: «Qui voulez-vous donc que ce soit?» Cabaner: «Je ne sais... d'autres peuplades...»

J'ai appris l'existence de cet homme qui admirait Paul Cézanne vers 1877, en lisant le livre de M. Vollard, car si je l'avais connu plus tôt, j'aurais fait parler François Coppée. Il me semble cependant qu'il me conta l'histoire des obus sur Paris qui étonnaient si fort Cabaner.

Malheureusement, on oublie toujours de noter les conversations intéressantes. Coppée était un *conversationniste* charmant. Je le voyais, aux environs de 1904, à la terrasse de ce petit café des Vosges qui est presque au coin de la rue de Sèvres et du boulevard Montparnasse et qui s'appelle aujourd'hui: *Café des Vosges et de François Coppée.* Il arrivait, du côté des Invalides où est à présent sa statue, en veston gris ou bleu, son canotier de paille ou son chapeau melon incliné sur l'oreille, avec aux doigts une éternelle cigarette qu'à peine allumée il se hâtait de jeter.

J'ai su pourquoi il n'en tirait que trois ou quatre bouffées rapides, mais je l'ai oublié et je le regrette. L'explication que j'en pourrais donner serait purement fantaisiste. Peut-être, se souvenant de l'admirable vers de Beaudelaire:

... Un monde où l'action n'est pas la sœur du rêve...

le vieux poète voulait-il prouver que la réalisation d'un désir est toujours fade, et que son envie de fumer se changeait en dégoût, dès qu'il essayait de la satisfaire.

Il s'asseyait devant un *amer-citron*, qu'on lui apportait sans qu'il l'eut demandé; il attaquait une histoire, commentait l'événement du jour, et devenait plus jeune et plus gai que les jeunes gens qui l'entouraient.

Je l'écoutais en regardant ses yeux.

Dans le visage exactement rasé et si étrangement patiné qu'ils éclairaient, ils étaient vert-bleu ou bleu-vert, du vert pâle et du bleu clair que l'on obtiendrait si l'on pouvait fondre ensemble des opales et des émeraudes, un bleu indéfinissable, un vert unique, traversé d'un frisson de ciel et d'eau. Je n'en vis jamais de pareils, mais je suis sûr qu'au fond de la Hollande, quelques vieillards qui ont passé leur vie à contempler l'infini bleu du ciel, et le double infini bleu et vert des canaux et des prairies, doivent en avoir de semblables.

Je ne lui ai jamais parlé de Paul Cézanne à propos de Nina de Villars, car j'étais persuadé que le peintre n'avait plus osé sonner à cette porte qu'ouvrait une servante effrontée dont la crinière, lorsqu'elle la peignait avant de sourire aux Parnassiens, tombait *«jusque-là»*, comme disait mon vieil ami en touchant mon pantalon rouge...

PAYSAGE

PAUL CÉZANNE en 1872

V

Claude Lantier et Mahoudeau.

Dans *L'Œuvre*, ce roman que les jeunes hommes de mon âge lurent avec dévotion parce qu'on y voyait un calvaire d'artiste, Émile Zola a voulu peindre Cézanne, et il a campé, à sa manière, la silhouette foudroyée de *Claude Lantier.*

Zola n'a rien compris à l'art cézannien. Ce romancier robuste, dont il serait fou de nier les dons, était un primaire colossal et il adorait les théories. Celles dans lesquelles on a emprisonné la technique de Paul Cézanne n'étant pas au point, à cette époque, il ne put s'intéresser à son vieil ami de jeunesse.

Il eut peut-être guerroyé pour lui, si un de ces esthéticiens qui savent discerner tout ce que la peinture doit à la géométrie et à la mathématique lui eut rapporté les conversations que Cézanne avait, rue Boulegon, avec un serrurier de ses voisins, M. Rougier.

«Cézanne souvent l'arrêtait en pleine rue, et il lui formulait alors à terrible voix des théories picturales. Les passants interloqués s'arrêtaient, attendant une dispute: «Tenez, monsieur Rougier, disait Cézanne, vous voyez cet homme-là, devant nous (il montrait un passant), eh bien! c'est un cylindre, ses bras ne comptent pas! Villars de Honnecourt, du reste, un ancêtre, a déjà, au XIIIᵉ siècle, enfermé des personnages dans ces armures géométriques!...» Et il continuait de crier...[C]»

Zola croyait à la science et à la peinture de M. Debat-Ponsan, dont il possédait une toile gigantesque et symbolique parmi le faux bric-à-brac que les antiquaires montmartrois lui refilaient, comme on dit en argot de brocanteur.

Il ne faut pas lui en vouloir outre mesure. Il avait sur l'œuvre de Cézanne l'opinion de ses contemporains, et on peut être un bon romancier et ne pas connaître la musique.

En 1905, trois ans après sa mort, et un an avant celle du peintre, Charles Morice publia dans une revue, le *Mercure de France*, son *Enquête sur les tendances actuelles des arts plastiques*, et voici ce que lui répondirent quelques artistes auxquels il demandait: «*Quel état faites-vous de Cézanne?*».

On excuse alors volontiers Zola et l'on demeure effaré. Voici ce que trouvèrent ces messieurs:

—«*Cézanne est un grand artiste auquel l'éducation manque.*» (M. DE LA QUINTINIE.)

—«*Devant le nu, me disait un ami, il voit bossu.*» (M. OUVRE.)

—«*Cézanne? Pourquoi Cézanne?*» (M. FERNAND PIET.)

—«*Rien à dire des tableaux de Cézanne. C'est de la peinture de vidangeur saoul.*» (M. VICTOR BINET.)

—«*Je me range à l'opinion de Puvis de Chavannes: l'artiste livré à son instinct ne va pas au delà de l'enfant prodige.*» (M. HENRI CARO DELVAILLE.)

—«*J'estime Cézanne un agréable coloriste.*» (M. MAXIME DETHOMAS).

—«*Quant à Cézanne, je n'en dis mot et n'en pense pas plus...*» (M. TONY MINARTZ.)

—«*Je vous fous mon billet que je ne mettrai jamais six mille balles à l'achat de trois pommes «en laine» sur une assiette sale...*» (M. ADOLPHE WILLETTE.)

*
* *

Sans doute, on entendit, au cours de cette enquête, d'autres paroles. En voici, au hasard, quelques-unes:

—«Cézanne est le plus beau peintre de son époque. Mais combien de mouches se brûlent les ailes à cette lumière!» (KEES VAN DONGEN.)

—«Je dirai de Cézanne qu'il est un trésor incomparable d'émotion lumineuse. La richesse et la variété de ses valeurs coloriées parviennent à ne pas faire regretter de trop gros défauts de mise en œuvre. C'est un peintre essentiel. Je le vois dans son art, ce que fut Rimbaud dans la littérature, une mine inépuisable de diamants. Son influence actuelle est énorme et bienfaisante, seulement il me semble à craindre que tels, parmi ses influencés, ne le soient quelquefois par ses défauts.» (PATERNE BERRICHON.)

—«J'admire Cézanne parce qu'il a pris, en face de la nature, l'attitude d'un point d'interrogation.» (Mᵐᵉ MARVAL.)

—«Cézanne est le grand et âpre ingénu. C'est un tempérament. N'a fait ni un tableau ni une œuvre.» (E. SCHUFFENECKER.)

—«Cézanne a su dépouiller l'art pictural de toutes les moisissures que le temps y avait accumulées. Il a montré que l'imitation n'est qu'un moyen, que le but unique est de disposer sur une surface donnée les lignes et les couleurs, de façon à charmer les yeux, à parler à l'esprit, à créer, enfin, par des moyens purement plastiques, un langage ou plutôt encore, à retrouver le langage universel. On l'accuse de rudesse, de sécheresse; ce sont les dehors de sa puissance, ces défauts apparents! Sa pensée est si claire dans son esprit! Son désir d'exprimer si impérieux! Qu'une tradition naisse à notre époque— ce que j'ose espérer—c'est de Cézanne qu'elle naîtra. D'autres alors viendront, habiles cuisiniers, accommoder ses restes à des sauces plus modernes; il aura fourni la moelle. Il ne s'agit pas d'un art nouveau, mais d'une résurrection de tous les arts *solides et purs, classiques*.» (PAUL SERUSIER.)

—«Quant à Cézanne, j'en fais un état capital. Je l'évite respectueusement.» (F. VALLOTTON.)

—«Cézanne est un génie par la nouveauté et par l'importance de son apport. Il est de ceux qui déterminent une évolution. C'est le primitif du plein air. Il est profondément classique, et il répète souvent qu'il n'a cherché qu'à *vivifier Poussin sur nature*. Il ne voit pas objectivement, et par la tâche, comme les impressionnistes; il déchiffre la nature lentement, par l'ombre et par la lumière, qu'il exprime en des sensations de couleurs. Cependant, il n'a pas d'autre but que celui de «faire l'image».» (CHARLES CAMOIN.)

*
* *

La même année, à l'occasion du Salon d'automne, la presse... d'art accabla Cézanne de ces gentillesses dont elle a d'inépuisables réserves. En parcourant les comptes rendus de cette exposition, on apprend que le maître d'Aix *ignorait tout de la peinture; qu'il maçonnait ses toiles avec de la boue, pour ne pas dire plus. C'était un mystificateur*, l'un, dans *la Lanterne*, prophétisait que les *œuvres de ce raté ne feraient jamais un sou*; l'autre parlait de *venger la nature qu'il outrageait*; tel farceur à tant la ligne criait: «*Cézanne ouvre-toi*,» et je retiens surtout celui qui trouvait qu'il peignait «*des natures mortes avec facilité*».

Seigneur! S'il l'avait vu au travail...

S'il l'avait vu pleurer, ce critique au cœur léger!

*
* *

Je ne parlerais pas d'Émile Zola, excusable de n'avoir pas compris, s'il ne s'était mêlé de défendre l'impressionnisme, et s'il n'avait pas eu de prétentions à la critique d'art.

La critique d'art de Zola!

Cézanne s'en moquait et il la définissait de quelques mots brefs: «*Emile*, confiait-il à M. Vollard, disait qu'il se laisserait aller à goûter pleinement Corot si, au lieu de nymphes, il avait peuplé ses bois de paysannes.» Et, se levant, le poing tendu vers un Zola imaginaire: «Bougre de crétin![D]»

Pour ce chef d'école, la peinture devait, comme la République, être naturaliste ou ne pas être.

L'auteur des *Rougon-Macquart* faisait seulement des commentaires à fleur d'œuvre, comme ces critiques dramatiques ou littéraires qui racontent une pièce de théâtre, un roman qu'ils résument par actes et par chapitres.

Théophile Gautier, si admirable par ailleurs, inaugura ce genre superficiel.

Il décrivit les tableaux des expositions et des salons qu'il visitait, et ses articles de critique sont d'impeccables poèmes en prose à côté des toiles qui les inspirèrent.

Sans se soucier énormément de la technique du peintre dont il analysait l'œuvre, Gautier rêvait, décrivait ce qu'il voyait dans le tableau et ce qu'il n'y voyait pas. Voici un exemple au hasard.

Le bon Théo parle de l'exposition d'un peintre hongrois:

«Zichy possède un talent souple et varié qui ne s'enferme pas dans une spécialité étroite. A voir son *Renard*, son *Loup* et son *Lynx*, on pourrait le prendre pour un animalier de profession, tant sa connaissance des bêtes est approfondie. Il est difficile de mettre plus de finesse dans une tête de renard. Tout mort qu'il est et couché sur la neige, le spirituel animal semble encore méditer une ruse suprême. Un rictus plein de rage fait grimacer la tête du lynx. Quant au loup, son museau stoïque exprime l'endurcissement des vieux scélérats, il a perdu la partie et la paye avec sa peau. Ces trois natures mortes sont traitées avec une science, une largeur et une liberté des plus remarquables.»

Voilà!... Gautier, devant ces aquarelles qui étaient à coup sûr mauvaises, songe aux dernières grimaces de ces bêtes devant la mort, mais nous ne saurons jamais de quelle couleur étaient les pelages de ces animaux, ni comment l'artiste avait traité ses fonds, et pourtant n'est-ce pas lui qui a dit: «Je suis un homme pour qui le monde extérieur existe»?

Il inaugura ce genre de critique qui doit tout à l'interprétation et à la songerie, et Judith Gautier avoue ingénument qu'elle aussi écrivit un *Salon*, en prenant son père pour modèle.

Le maître impeccable, dit-elle, dans son livre de souvenirs: *Le second rang du collier*, éprouva un tel enthousiasme pour ces articles parus dans l'*Entr'acte*, qu'il mit en vers celui qui *analysait* une peinture d'Ernest Hébert.

Elle le cite avec complaisance et je prie le lecteur d'écouter cette rêverie, qui est peut-être la complainte des amours défunts, un couplet célébrant les parcs hivernaux et les soirs désolés de décembre, tout, sauf une étude de tableau:

«A côté de la *Perle Noire* est un tout petit cadre admiré de tous: c'est simplement un banc de pierre au fond d'une allée, dans un coin de parc solitaire (personne n'est assis sur ce banc). Mais des souvenirs doux et tristes semblent l'envelopper. Autrefois, de tendres promeneurs s'y sont reposés, se parlant bas et longuement ou bien peut-être silencieux et émus; alors les arbres complices ont caché, de leur verdure impénétrable, de frais baisers rapides et tremblants. Puis le vent d'hiver a soufflé; la ruine et la mort ont passé par là, et le parc est resté désert; le banc s'est recouvert d'un linceul de mousse, et les arbres, autour de lui, laissent traîner tristement à terre leurs branches dépouillées.»

Évidemment, c'est là du travail de demoiselle, mais il y a aussi tout ce qu'on peut reprocher à Gautier. Je ne suis pas suspect. J'ai écrit il y a longtemps, sur l'auteur d'*Émaux et Camées*, un livre ébloui d'admiration et je l'ai dédié à Judith Gautier.

J'étais ivre de romantisme et je me garderai bien de me moquer aujourd'hui de ces ivresses. Même lorsqu'on a roulé ses dieux morts dans le linceul de pourpre de M. Renan, on doit se souvenir d'eux avec quelque émotion[E].

Gautier n'eut pas écrit trois lignes intelligentes sur deux pommes de Cézanne dans un compotier. Taine n'eut pas fait mieux, mais je suis sûr que Baudelaire eut compris.

Cézanne m'a rarement parlé de Zola, et j'ai toujours évité de mettre la conversation sur lui, mais dans le livre de M. Ambroise Vollard, il y a un chapitre cruel dont on goûtera l'ironie et l'amertume...

*

* *

J'ai voulu reprendre l'*Œuvre*.

A vingt ans, nous avons tous dévoré les livres de Zola, en trouvant cela rudement fort.

Je sais bien, à présent, que je n'en relirai jamais plus aucun. Il demeure indéniablement un très puissant romancier et l'*Assommoir* est sans doute un grand bouquin, mais j'ai interrogé quelques amis de mon âge, et ils ont tous été de mon avis. Ils n'aiment plus que quelques gouttes d'élixir dans un cristal, et ni ce breuvage, ni cette coupe ne brillent sur l'étagère du bistrot qui sert du tord-boyau aux zingueurs et aux croque-morts.

Enfin, j'ai voulu relire l'*Œuvre*, puisqu'on affirme qu'il y a, dans cet ouvrage, Paul Cézanne et quelques-uns de ses compagnons.

Le livre s'est, de lui-même, ouvert sur cette phrase:

«Ah! cet effort de création dans l'œuvre d'art, cet effort de sang et de larmes dont il agonisait pour créer de la chair, souffler de la vie! Toujours en bataille avec le réel, et toujours vaincu, la lutte contre l'ange! Il se brisait à cette besogne impossible de faire tenir toute la nature sur une toile, épuisé à la longue dans les perpétuelles douleurs qui tendaient ses muscles, sans qu'il pût jamais accoucher de son génie.

«Ce dont les autres se satisfaisaient, l'à peu près du rendu, les tricheries nécessaires, le tracassaient de remords, l'indignaient comme une faiblesse lâche... que lui manquait-il donc?... Un rien sans doute. Il était un peu en deçà, un peu au delà peut-être... Oui, ce devait être cela, le saut trop court ou trop long, le déséquilibrement des nerfs dont il souffrait...

«Quand un désespoir le chassait de son atelier, et qu'il fuyait son œuvre, il emportait maintenant cette idée d'une impuissance fatale, il l'écoutait battre contre son crâne, comme le glas obstiné d'une cloche...»

Zola parle ainsi de *Claude Lantier*, le peintre maudit qui ne *réalise* pas, et c'est au cours d'un après-midi funèbre où tout fiche le camp, comme il dit, que *Claude* va en compagnie du romancier *Pierre Sandoz* chez un de leurs amis, le sculpteur *Mahoudeau*.

Il habite à un rez-de-chaussée de la rue du Cherche-Midi, un magasin transformé en atelier:

«...Le sculpteur Mahoudeau avait loué, à quelques pas du boulevard, la boutique d'une fruitière tombée en faillite... L'enseigne portait toujours les mots: *Fruits et légumes*, en grosses lettres jaunes... La boutique, assez grande, était comme emplie par un tas d'argile, une bacchante colossale... Les madriers qui la portaient pliaient sous le poids de cette masse encore informe où l'on ne distinguait que des seins de géante et des cuisses pareilles à des tours...»

L'auteur de ce phénomène fumait sa pipe au moment où ses amis entrèrent.

«...Il était petit, maigre, la figure osseuse, déjà creusée de rides à vingt-sept ans; ses cheveux de crin noir s'embroussaillaient sur un front très bas; et, dans ce masque jaune, d'une laideur féroce, s'ouvraient des yeux d'enfant, clairs et vides, qui souriaient avec une puérilité charmante...

«—Fichtre, dit Claude, quel morceau!

«Le sculpteur, ravi, tira sur sa pipe, lâcha un nuage de fumée.

«—Hein! n'est-ce pas?... Je vais leur en coller, de la chair, et de la vraie, pas du saindoux comme ils en font!

«—C'est une baigneuse? demanda Sandoz.

«—Non, je lui mettrai des pampres.... Une bacchante, tu comprends!

«Mais du coup, violemment, Claude s'emporta.

«—Une bacchante! Est-ce que tu te fiches de nous! Est-ce que ça existe, une bacchante!... Une vendangeuse, hein? et une vendangeuse moderne, tonnerre de Dieu! Je sais bien, il y a le nu. Alors, une paysanne qui se serait déshabillée. Il faut qu'on sente ça, il faut que ça vive!

«Mahoudeau, interdit, écoutait avec un tremblement. Il le redoutait, se pliait à son idéal de force et de vérité. Et, renchérissant:

«—Oui, oui, c'est ce que je voulais dire... Une vendangeuse. Tu verras si ça pue la femme!...»

J'ai cité cette page de Zola parce que j'ai connu le sculpteur *Mahoudeau*, qui n'était autre que Philippe Solari, affirmait-on.

Cézanne et lui se tutoyaient, mais le peintre n'avait pas l'air de le prendre au sérieux.

Il ne voyait pas très souvent cet ancien compagnon, à l'époque où j'étais à Aix, et je crois que Solari ne devait pas comprendre grand'chose à la peinture de son ami qui lui reprochait de rechercher la société des Aixois.

Aucun tumulte intérieur, aucun génie violent n'empêchaient évidemment ce pauvre Solari d'être un bon vivant, malgré son éternel souci du lendemain.

Il n'avait plus la moindre foi et il pactisait avec l'ennemi!

Cézanne me disait qu'il allait jusqu'à accepter une tasse de thé chez une dame qui professait le dessin, l'aquarelle et la peinture, dans quelques institutions où les jeunes filles distinguées copiaient patiemment des profils de Minerve.

Un jour, Cézanne m'accueillit en riant, et il me conta tout de suite que Germain Nouveau, le poète mendiant dont j'ai parlé, avait été donner une aubade nocturne à Solari. Il s'était procuré une guitare sur laquelle il accompagnait une chanson burlesque dont le vieux peintre n'avait retenu que ces deux vers qui le ravissaient:

Ton aïeul, Monsieur le Singe,
Était moins malin que toi...

*
* *

On me conduisit chez le sculpteur. S'il habitait, à Paris, une ancienne boutique de fruitière, à

NU

PAUL CÉZANNE, PAR LUI-MÊME vers 1875

Aix-en-Provence il avait converti en atelier une grange qui devait dépendre de l'hôtel de Lubières.

Il y avait contre les murs quelques moulages, et, sur une sellette, un buste emmailloté de chiffons secs. Cela ne sentait guère le travail là-dedans. Dans le morne après-midi de ce dimanche provincial, un orphelinat en promenade passait, des cloches sonnaient sur la petite ville endormie, tout semblait saupoudré d'une poussière mortuaire, pâle comme les plâtres: les outils dont on ne devait pas souvent se servir, la chaise qui perdait sa paille, quelques caisses, de vagues choses, et les cheveux de ce vieil artiste sans génie qui avait cru conquérir Paris, dans sa jeunesse...

VI

Souvenirs de Charles Camoin et Lettres de Paul Cézanne.

Le peintre Charles Camoin, que je rencontrai chez Cézanne alors qu'il faisait, comme moi, son service militaire à Aix, a rassemblé dans un article vivant et juste quelques-uns de ses souvenirs.

Il y parle de nos déjeuners du dimanche, rue Boulegon, et il y résume parfaitement les principales idées du maître sur la peinture. Mais, je le laisse parler lui-même:

—«En novembre 1901, j'arrive en garnison à Aix-en-Provence.

—Dès le premier jour, je me promets de faire la connaissance de Cézanne, dont les œuvres exposées alors rue Laffitte soulevaient l'hilarité des passants et faisaient l'objet de tant de discussions passionnées à l'atelier Gustave Moreau.

—Je ne connaissais pas son adresse, mais je ne doutais pas que le premier passant venu me l'indiquât.

—Après plusieurs démarches infructueuses, je commençais à désespérer. J'eus alors l'idée d'entrer dans la cathédrale, dont le bedeau m'indiqua aussitôt l'adresse des demoiselles Cézanne, les sœurs du peintre, qui étaient des dévotes très connues.

—Il était à peu près huit heures du soir lorsque j'arrivai 25, rue Boulegon, ne sachant comment j'allais me présenter au maître que je considérais comme le plus grand de son temps.

—Je sonne plusieurs fois, enfin, j'entends une fenêtre qui s'ouvre et, du deuxième étage, une voix demande: «Qui est là?»

—Je suis tellement intimidé que je ne réponds rien.

—J'attends encore. Un pas lourd se fait entendre derrière la porte, et voici Cézanne, à demi vêtu, qui vient m'ouvrir lui-même.

—Il était déjà couché et s'était levé pour moi!

—Je bredouille quelques mots d'excuses.

—Je lui parle des tableaux que j'ai vus rue Laffitte, je veux m'en aller, mais il m'invite à le suivre.

—Nous voici dans une petite salle à manger de bourgeois de province.

—Cézanne est assis en face de moi.

—Il me parle aussitôt peinture, il m'explique comment le pied de la lampe posée sur la table se détache sur le fond de la toile cirée, mais je suis trop ému pour recueillir tout le fruit de cette première entrevue que je n'ose prolonger davantage; d'ailleurs, il m'autorise à revenir le voir, et c'est pour moi l'essentiel.

—Ainsi débutèrent nos relations qui devinrent de plus en plus fréquentes et cordiales.

—Je rencontrai un jour chez lui le poète Léo Larguier, qui faisait comme moi son service à Aix.

—Cézanne nous invitait souvent à déjeuner chez lui, le dimanche.

—Ces repas étaient remplis d'exubérance et de gaîté, on discutait art et littérature.

—Parfois, Cézanne s'écriait brusquement, en soulignant ses mots d'un grand coup de poing sur la table: «*Je suis tout de même très peintre!*»

—Il lui arrivait de se lever au milieu du repas sans qu'on sût pourquoi, et de disparaître dans la pièce voisine.

—Mme Brémond, sa cuisinière, apportait le plat suivant, mais Cézanne ne revenait toujours pas.

—Il était à son chevalet et nous avait complètement oubliés.

—Souvent, j'allais à sa rencontre le dimanche, à l'église, où il était assis au banc des marguilliers.

—«*La religion, disait-il, est pour moi une hygiène morale.*»

—Mais, dès le seuil de l'église, la peinture reprenait ses droits et faisait l'unique objet de nos entretiens.

—Lorsque j'évoque le souvenir de ces conversations au cours desquelles Cézanne m'expliquait le but de ses recherches, affirmant qu'il parlait plus justement que n'importe qui sur la peinture, je les retrouve toutes résumées en quelques pensées auxquelles il revenait sans cesse.

—«*Avant tout, il n'y a*, disait-il, *que le tempérament* id est, *la force initiale, qui puisse porter quelqu'un au but qu'il doit atteindre.*»

—Une théorie, certes, il en avait une, il en proclamait même la nécessité, mais il s'empressait d'ajouter: «*Théorie développée et appliquée au contact de la nature.*»

—Il voulait avoir raison *sur le motif*, et non en devisant de *«théories purement spéculatives dans lesquelles on s'égare souvent»*.

—Il oppose, pour les différencier, le travail du littérateur à celui du peintre:

«Le peintre concrète ses sensations au moyen du dessin et de la couleur, tandis que le littérateur s'exprime avec des abstractions.» Et déjà il signalait dans ses lettres à Emile Bernard le danger de l'esprit littérateur comme s'il le pressentait:

«Ne faites pas de littérature, faites de la peinture, voilà le salut».

«Les théories sont toujours faciles, il n'y a que la preuve à faire de ce qu'on pense qui présente de sérieuses difficultés.»

—Il n'y avait pas, dans sa pensée, de théorie qui pût s'imposer à l'exclusion de toute autre. Il fallait, disait-il, s'exprimer avec ses sensations, avec son tempérament, se méfier de toutes les influences.

«Les conseils, la méthode d'un autre, ne doivent pas changer votre manière de sentir.

«L'influence des maîtres ne doit être pour vous qu'une orientation, et votre émotion propre finira par emmerger et conquérir sa place au soleil.

«Confiance, c'est une bonne méthode de construction qu'il vous faut arriver à posséder».

—Parmi les anciens, il évoquait souvent le Tintoret, *«le plus vaillant des Vénitiens»*; Delacroix, dont il avait une aquarelle posée par terre dans la ruelle de son lit, comme une œuvre de chevet, et Courbet qui avait, disait-il, *«l'image toute faite dans son œil».*

—A propos de Corot, il disait: *«J'aime mieux une peinture mieux assise»*, et il préférait Diaz à Monticelli.

—Des petits maîtres du XVIIIe, il disait: *«Ils ont leur caractère, je suis très tolérant»*, mais il n'admettait pas Ingres comme peintre.

«Renoir a peint la femme de Paris, moi je vais à ce paysan qui passe.»

—Parmi les écrivains, ses préférences allaient à Stendhal; il conseillait la lecture de l'*Histoire de la peinture en Italie* et celle de *Manette Salomon*, d'Edmond de Goncourt.

«Voilà ce qu'un peintre doit lire.»

—De Zola, il disait: *«C'est un phraséologue.»*

—Sa vie se passait dans la plus grande solitude. *«Je vis avec mes pensées»*, disait-il. *«Je suis souvent invité à aller chez M. et Mme X..., mais que voulez-vous que j'aille faire dans leur salon, je dis tout le temps: nom de Dieu»*

—Et il se confinait dans la recherche incessante de son but: «*réaliser*», «*faire l'image*».

—Aujourd'hui encore, je ne peux évoquer sans émotion le souvenir de cette grande figure, de ce noble vieillard qui me disait: «*Je vous parle comme un père*» et qui voulut bien m'accorder son amitié.

—Je lui écrivis un jour que, dans *Les Phares* de Baudelaire, il manquait désormais une strophe.

—A quoi il me répondit simplement:

«*Je vous remercie pour la façon toute fraternelle dont vous envisagez les efforts que j'ai tentés pour m'exprimer lucidement en peinture.*»

—Comme je m'accusais, un jour, de ne pas réfléchir assez en travaillant, et de m'abandonner par trop à l'instinct, il me répondit ceci:

«*Michel-Ange était un constructeur et Raphaël un artiste qui, si grand qu'il soit, est toujours bridé par le modèle, et lorsqu'il veut devenir réfléchisseur, il tombe au-dessous de son grand rival...*»

*
* *

Il ne faut pas chercher ailleurs que dans cette phrase ce que Paul Cézanne pensait de son art, et surtout, on doit se garder de lui prêter, comme on l'a si souvent fait, d'autres pensées. N'a-t-il pas dit lui-même à Rouault:

«Ne crois pas que notre très haut et très noble art s'enseigne ou s'apprenne aux écoles, aux académies: ce que tu sauras là, sera réformé dès que tu pourras en observer avec amour les formes et les couleurs. Crois encore moins aux pontifes qui vivent les erreurs qu'ils enseignent jusqu'à ces erreurs: elles ne sont quelquefois qu'une ancienne vérité déformée qui apparaîtrait magnifique si on enlevait les scories qui la recouvrent et qui la cachent.

«Crois encore moins à ceux qui, après ma mort, parleront en mon nom ou se disputeront sur mon malheureux cadavre jusqu'à la plus mauvaise et la plus imparfaite de mes œuvres. Il y aura toujours après la bataille, et à la nuit propice, des chacals et des hyènes qui rôderont.

«Si l'on organise mon triomphe, n'y crois pas; s'ils essaient en mon nom de créer une école, dis-leur qu'ils n'ont jamais compris, jamais aimé ce que j'ai fait.»

Voici, d'ailleurs, quelques lettres adressées, les quatre premières à Charles Camoin, les autres à Louis Aurenche.

*
* *

Aix, 3 février 1902.

CHER MONSIEUR CAMOIN,

J'ai reçu samedi seulement votre dernière lettre, j'ai adressé ma réponse à Avignon. Aujourd'hui 3, je trouve dans ma boîte votre lettre du 2 février, venant de Paris. Larguier fut malade la semaine dernière et retenu à l'infirmerie, ce qui explique le retard dans la transmission de votre lettre.— Puisque vous voilà à Paris, et que les maîtres du Louvre vous attirent, et si cela vous dit, faites d'après les grands maîtres décoratifs Véronèse et Rubens des études, mais comme vous feriez d'après nature,—ce que je n'ai su faire qu'incomplètement.—Mais vous faites bien surtout d'étudier sur nature. D'après ce que j'ai pu voir de vous, vous marcherez rapidement. Je suis heureux d'apprendre que vous appréciez Vollard, qui est un sincère et sérieux en même temps. Je vous félicite sincèrement de vous trouver auprès de Madame votre mère, qui dans les moments de tristesse et d'abattement sera pour vous le plus sûr point d'appui moral, et la source la plus vive où vous puissiez puiser un courage nouveau pour travailler à votre art, ce qu'il faudrait tâcher d'arriver à faire, non pas sans ressort et mollement, mais d'une façon calme et continue, ce qui ne peut manquer d'amener un état de clairvoyance, très utile pour vous diriger avec fermeté dans la vie.—Je vous remercie pour la façon toute fraternelle dont vous envisagez les efforts que j'ai tentés pour arriver à m'exprimer lucidement en peinture.

Dans l'espoir que j'aurai un jour le plaisir de vous revoir, je vous serre cordialement et affectueusement la main.

Votre vieux confrère,
Paul CEZANNE.

*
* *

Aix, 22 février 1903.

CHER MONSIEUR CAMOIN,

Très fatigué, 64 ans d'âge, je vous prie d'excuser le retard très prolongé que j'ai mis à vous répondre. Ce ne sera que deux mots.

Mon fils, actuellement à Paris, est un grand philosophe. Je ne veux pas dire par là que ce soit ni l'égal, ni l'émule de Diderot, Voltaire ou Rousseau. Voulez-vous l'honorer de votre visite, 31, rue Ballu: près de la place Clichy, où se trouve la statue du général Moncey.—En lui écrivant, je lui dirai un mot de vous; il est assez ombrageux, un indifférent, mais bon garçon. Son intermédiaire aplanira pour moi la difficulté que j'ai de comprendre dans la vie.

Vous remercie vivement pour votre dernière lettre. Mais je dois travailler.—Tout est, en *art surtout*, théorie développée et appliquée au contact de la nature.

Reparlerons de tout cela quand j'aurai le plaisir de vous revoir.

Ceci est la lettre la plus juste que je vous ai écrite jusqu'ici.

Credo.

Bien cordialement à vous,
P. CEZANNE.

Quand je vous verrai, je vous parlerai plus justement que n'importe qui, sur la peinture.—Je n'ai rien à cacher *en art*.

Il n'y a que la force initiale *id est*, le *tempérament*, qui puisse porter quelqu'un au but qu'il doit atteindre.

P. CEZANNE.

*
**

Aix, 28 janvier 1902.

CHER MONSIEUR CAMOIN,

Voici déjà nombre de jours écoulés, où j'ai eu le plaisir de vous lire. J'ai peu de choses à vous dire; on parle plus en effet de peinture et peut-être mieux en étant sur le motif, qu'en devisant de théories purement spéculatives,—et dans lesquelles on s'égare assez souvent. J'ai plus d'une fois, dans mes longues heures de solitude, pensé à vous. M. Aurenche a été nommé receveur à Pierrelate en Dauphiné. M. Larguier, que je vois assez fréquemment, le dimanche surtout, m'a transmis votre lettre. Il soupire après le moment de sa libération, elle arrivera dans six ou sept mois. Mon fils qui est ici a fait sa connaissance et ils sortent et passent souvent la soirée ensemble; ils parlent un peu de littérature et d'avenir d'art. Son passage à l'armée fini, M. Larguier retournera probablement à Paris continuer ses études (sciences morales et politiques) rue Saint-Guillaume, où professe notamment M. Hanoteau, sans abandonner néanmoins la poésie. Mon fils y retournera aussi, il aura donc le plaisir de faire votre connaissance, quand vous remonterez à la capitale. Vollard est passé par Aix, il y a une quinzaine. J'ai reçu des nouvelles de Monet, et la carte de Louis Leydet, fils du sénateur, circonscription d'Aix. Ce dernier est peintre, il est actuellement à Paris et est dans les mêmes idées que vous et moi. Vous voyez qu'une ère d'art nouveau se prépare, vous le pressentiez; continuez d'étudier sans défaillance, Dieu fera le reste. Je termine en vous souhaitant bon courage, de bonnes études, et le succès ne peut manquer de couronner vos efforts.

Croyez-moi bien sincèrement avec vous, et vive la patrie notre mère commune, et terre d'espérance, et agréez mes vifs remerciements pour votre bon souvenir.

Votre dévoué,
Paul CEZANNE.

*
* *

Aix, 13 septembre 1903.

CHER MONSIEUR CAMOIN,

Je suis heureux de recevoir de vos nouvelles, et vous félicite d'être libre de vous livrer entièrement à l'étude.

Je croyais vous avoir dit en causant que Monet habitait Giverny; je souhaite que l'influence

LA FEMME AU CHAPELET

PAUL CÉZANNE en 1905

artistique que ce maître ne peut manquer d'exercer sur l'entourage plus ou moins direct qui l'environne, se fasse sentir dans la mesure strictement nécessaire qu'elle peut et doit avoir sur un artiste jeune et bien disposé au travail. Couture disait à ses élèves «ayez de bonnes fréquentations», soit «Allez au Louvre». Mais après avoir vu les grands maîtres qui y reposent, il faut se hâter d'en sortir et vivifier en soi, au contact de la nature, les instincts, les sensations d'art qui résident en nous. Je regrette de ne pouvoir me trouver avec vous. L'âge serait peu si d'autres considérations ne m'empêchaient de quitter Aix. J'espère néanmoins que j'aurai un jour le plaisir de vous revoir. Larguier est à Paris. Mon fils est à Fontainebleau avec sa mère.

Je dois vous souhaiter de bonnes études en présence de la nature, c'est ce qu'il y a de mieux.

Si vous rencontriez le maître que tous deux admirons[F], rappelez-moi à son bon souvenir.

Il n'aime pas beaucoup, je crois, à ce qu'on l'embête, mais en faveur de la sincérité peut-être se défendrait-il un peu.

Croyez-moi bien cordialement à vous,

Paul CEZANNE.

*
* *

Aix, 25 septembre 1903.

CHER MONSIEUR AURENCHE,

Je suis très heureux d'apprendre la naissance de votre fils, vous allez comprendre quelle assiette il va apporter dans votre vie.

Paul, qui est à Fontainebleau, se chargera de vous porter de vive voix, à son retour, mes compliments, je ne vous dirai pas quand; mais je travaille opiniâtrement, et si le soleil d'Austerlitz de la peinture brillait pour moi, nous irions en chœur vous serrer la main.

P. CEZANNE.

*
* *

Aix, 25 janvier 1904.

MON CHER MONSIEUR AURENCHE,

Je vous remercie beaucoup des vœux que vous et les vôtres m'adressez à l'occasion du nouvel an.

Je vous prie de recevoir les miens à votre tour, et de les faire agréer chez vous.

Vous me parlez dans votre lettre de ma réalisation en art.

Je crois y parvenir chaque jour davantage, bien qu'un peu péniblement, car si la sensation forte de la nature—et certes je l'ai vive—est la base nécessaire de toute conception d'art, et sur laquelle repose la grandeur et la beauté de l'œuvre future, la connaissance des moyens d'exprimer notre émotion n'est pas moins essentielle, et ne s'acquiert que par une très longue expérience.

L'approbation des autres est un stimulant, dont il est bon quelquefois de se défier. Le sentiment de sa force rend modeste.

Je suis heureux des succès de notre ami Larguier...

Recevez, cher monsieur Aurenche, l'assurance de mes meilleurs sentiments.

PAUL CEZANNE.

Aix, 29 Janvier 1904.

Cher monsieur Aurenche,

Votre sollicitude me
touche beaucoup. Je me
porte en ce moment assez
bien. Si je n'ai pas
répondu plus tôt à
votre première lettre,
l'explication en est facile.
Après toute une journée
de travail à vaincre les
difficultés de la réalisation
sur nature, je sens
le besoin, le soir venu,
de prendre quelque

repos, et j'n'ai pas alors
cette liberté d'esprit
qu'il faut en écrivant.

Je ne sais, quand j'
aurai l'occasion de
remonter à Paris. Si
le fait se présente, je
n'oublierai pas que je
puis attendre à Pierrelatte
par des amis.

Si vous venez à
Marseille, j'aurais
plus sûrement, je
crois, le plaisir de
vous voir.

Agréez, cher

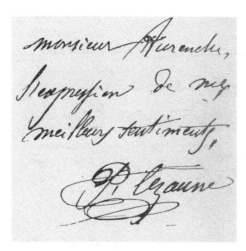

Aix, 29 janvier 1904.

Cher monsieur Aurenche,

Votre sollicitude me touche beaucoup. Je me porte en ce moment assez bien. Si je n'ai pas répondu plus tôt à votre première lettre, l'explication en est facile. Après toute une journée de travail à vaincre les difficultés de la réalisation sur nature, je sens le besoin, le soir venu, de prendre quelque repos, et je n'ai pas alors cette liberté d'esprit qu'il faut en écrivant.

Je ne sais, quand j'aurai l'occasion de remonter à Paris. Si le fait se présente, je n'oublierai pas que je suis attendu à Pierrelatte par des amis.

Si vous venez à Marseille, j'aurai plus sûrement, je crois, le plaisir de vous voir.

Agréez, cher   monsieur Aurenche, l'expression de mes meilleurs sentiments,

P. Cézanne.

*
* *

Aix, 10 janvier 1905.

Je regrette de ne pas avoir le plaisir de vous voir encore cette année. Je vous envoie donc moi aussi mes bons souhaits.

Je travaille toujours, et cela sans m'inquiéter de la critique et des critiques, tel que doit le faire un vrai artiste. Le travail doit me donner raison...

PAUL CEZANNE.

VII

Au hasard des souvenirs.

Un dimanche matin, vers onze heures, j'arrivai chez Paul Cézanne, et Mme Brémond m'apprit qu'il était à son atelier.

C'était un grenier qu'on avait aménagé sous les toits, une immense pièce, avec de petites fenêtres, et il devait y travailler lorsqu'il n'allait pas au Château-Noir et dans la campagne.

Au beau milieu, sur une petite table, il y avait un grand bouquet de fleurs artificielles dans un vase.

Dans tous les coins, des fruits secs ou gâtés, ceux dont il se servait pour ses natures mortes, et l'atelier sentait les chambres campagnardes où l'on conserve, à l'automne, des poires et des champignons.

Il venait d'achever une petite toile: des pommes et un de ces pots dans lesquels on met des olives, en Provence.

Il n'était pas mécontent, ce qui était assez rare, et, comme il ne devait plus utiliser ce motif, il ôta la poterie de dessus la table, puis, sortant un couteau de sa poche, il partagea une des deux pommes et m'en offrit la moitié.

Elle était rouge et luisante, et elle n'était pas très bonne...

*
* *

On a dit qu'il détruisait fréquemment les toiles qui ne lui plaisaient pas, et que Mme Brémond en allumait le poêle.

A tout ce que l'on couvre d'or à présent, à tout ce que se disputent les grands magnats du commerce et de la peinture, je sais qu'il n'attachait pas beaucoup d'importance.

Ses paysages, ses natures mortes, ses figures étaient des études qu'il effaçait, raclait, et qu'il jetait quand *ça ne marchait pas*, mais on a tout de même exagéré. Le poêle de la salle à manger n'était pas alimenté par les châssis brisés et les toiles crevées.

J'ai pourtant détourné, un jour, sa colère d'une de ses œuvres.

Il travaillait, d'après les fleurs artificielles dont je parlais tantôt, à une assez grande toile, et il était de mauvaise humeur. Aix et ses habitants, Paris et ses anciens amis, les peintres et la peinture, rien n'avait plus à ses yeux la moindre valeur et ces corolles de papier étaient roides, sèches, ridicules, elles changeaient de couleurs, *les garces*, elles le trahissaient, et ce qu'il avait essayé de faire n'existait pas!...

Brusquement, je fus effrayé. Il s'était précipité sur le châssis qui alla rouler par terre. Je parvins à le calmer. La toile ne fut pas détruite. Je le trouvai, un autre dimanche, devant ces fleurs artificielles, mais parmi toutes les reproductions de ses tableaux que je connais, je ne me souviens pas d'avoir vu celui-là.

*
* *

Lorsque je tirais de ma poche ma pipe et mon tabac, il souriait et me disait presque chaque fois:

«Qui fume, parfume....»

*
* *

Il me montrait souvent une petite étude de Delacroix qu'il avait dans cet atelier de la rue Boulegon où je partageai avec lui la pomme de la nature morte.

C'était une toile sans cadre, une étude esquissée en Orient. Il possédait encore du même peintre une aquarelle de fleurs qu'il gardait dans sa chambre.

*
* *

Au fond, Paul Cézanne n'était peut-être pas le féroce misanthrope qu'on veut dire.

La *sacré nom de Dieu de peinture* le préoccupait perpétuellement, et à part les Vénitiens, Delacroix et Courbet, il n'aimait pas beaucoup de peintres. Il trouvait que Corot «manquait un peu de tempérament», et que les «machines» de M. Ingres «étaient bien imitées».

Dans ce domaine où il pouvait parler, il excommuniait en masse.

Il avait fui Paris où il ne s'était jamais acclimaté, et ses compatriotes ne se sont pas appliqués à lui rendre très agréable le séjour à Aix, mais je l'ai vu ailleurs, comme je le raconte plus loin, et il était d'humeur égale. Avec quelques amis de mon âge, Camoin, Louis Aurenche, Pierre Léris, et avec moi, il fut toujours aimable et souvent gai.

Je ne l'ai pourtant connu que vieux et malade du diabète, après quarante ans d'un labeur obstiné et bafoué, mais je suis sûr que le moindre encouragement officiel en eut fait un autre homme, lui eut donné un peu d'assurance.

Pourquoi Henri Roujon sursauta-t-il, indigné, dans son fauteuil de directeur des Beaux-Arts, lorsque Octave Mirbeau alla, en 1902, lui demander pour Cézanne, un simple ruban rouge, quand MM. Bonnat et Chauchard devaient mettre, sur leur gilet de cérémonie, le large cordon des grands-croix?...

*
* *

Lorsque j'étais à Aix, beaucoup de musées étrangers achetaient des toiles de Cézanne.

Il y en avait à New-York et à Munich, à Helsingfors et à Christiania. Il y en a, depuis, au Louvre, sans parler du Luxembourg, mais le musée d'Aix-en-Provence possède-t-il des œuvres du peintre, en 1923?...

*
* *

Le temps qu'il devait faire, le lendemain, le préoccupait comme un paysan qui craint pour sa récolte.

Il se couchait, éreinté d'une journée de travail, de très bonne heure, mais il avait de courts sommeils de vieillard, et il me disait qu'il se levait plusieurs fois, dans la nuit, pour voir le ciel, à sa croisée, et savoir s'il pourrait *aller au motif.*

*
* *

On a dit qu'il exécuta ses *Baigneuses* d'après de vieilles études faites à l'académie Suisse, dans sa jeunesse. Ce qui paraît assez innocent: une femme nue, dans une chambre exposée au soleil, eut été une chose scandaleuse à Aix-en-Provence, et Paul Cézanne était trop timide pour s'y risquer[G].

Sans doute, il ne se méfiait pas de lui. Il était trop mysogine pour avoir peur d'être tenté, mais peut-être aussi pensait-il, le vieil ermite de la peinture, qu'une belle fille peut offrir quelque danger. Quoi qu'il en soit, il me disait souvent que le corps d'une femme est à sa plénitude entre quarante-cinq et cinquante ans.

*
* *

Nous allions quelquefois, à la belle saison, nous asseoir à la terrasse du *Café Clément*, qui était à cette époque le grand café d'Aix, l'établissement fréquenté par les officiers, les étudiants riches et les élégants de la ville qui ne craignaient pas de s'encanailler et d'être vus à l'estaminet.

Ces derniers, peu nombreux, appartenaient à d'antiques familles provençales et leurs parents vivaient encore dans des hôtels fermés que j'imaginais pleins de beaux meubles anciens et de vieux portraits illustres.

Paul Cézanne me semblait heureux d'être là, et quand il proposait d'aller y prendre une consommation il disait toujours:

«Allons au *Caf' Clem*...»

Nous étions trois ou quatre autour de lui: Pierre Léris, un jeune étudiant en droit qui est à présent magistrat à Casablanca; Louis Aurenche, qui accomplissait alors à Aix un stage dans l'enregistrement et qui dirigeait à Lyon une courageuse petite revue: *La Terre nouvelle*; Georges Eggenberger, qui doit être professeur quelque part, et moi.

Il y avait un piano, sur une estrade basse devant la porte, et la pianiste, qu'accompagnaient un violon et un violoncelle, était une jeune femme excessivement brune qui ne regardait personne. Elle était coiffée de bandeaux noirs à la Cléo de Mérode, et elle jouait bien sagement son morceau, au bord de son tabouret, comme une institutrice qui enseignerait aussi la musique.

Sous les grands platanes du cours Mirabeau, les désœuvrés défilaient, on se saluait beaucoup et cérémonieusement. On voyait quelques étudiants au balcon de leur cercle, de l'autre côté de l'avenue. Des gens entraient au café ou en sortaient, mais je ne me souviens pas d'avoir vu un Aixois saluer le peintre.

Personne ne semblait le connaître!...

*
* *

Il n'avait pas beaucoup de relations; pourtant il me parlait toujours avec une grande sympathie du sénateur, M. L...

Ils étaient sans doute amis d'enfance, et il lui faisait visite quand, à l'époque des vacances parlementaires, il venait à Aix.

Un soir, je rencontrai Paul Cézanne sur le cours, passablement irrité.

Il s'était présenté chez le sénateur qui devait être, à ce moment, en conférence avec quelques grands électeurs et qui ne put recevoir tout de suite, comme il l'eut certainement désiré, son vieux camarade.

Il le fit prier d'attendre et de l'excuser, mais Cézanne sortit furieux et c'est alors que je le vis.

Il commençait à parler fort et sans aménité:

«Les hommes politiques, il y en a mille en France, et c'est de la m...! Tandis qu'il n'y a qu'un Cézanne!...»

J'eus quelque peine à le calmer. Je parvins à lui expliquer comment, selon moi, la chose s'était passée, et que M. L... n'avait pu sans doute mettre à la porte les gens qu'il recevait à cet instant...

Sa colère tomba brusquement:

«Vous êtes très fort, me dit-il, et très équilibré. Vous voyez très lucidement... C'est effrayant, la vie!...»

*
* *

Un *chineur*, comme on dit à l'Hôtel des Ventes de la rue Drouot, eut fait rapidement fortune à cette époque, s'il avait eu l'idée de rechercher à Marseille, à Arles ou à Aix, les toiles et les panneaux abandonnés un peu partout par Vincent van Gogh, par Monticelli et par Cézanne.

Le père d'un de mes amis possédait trois tableaux qu'il avait payés cinq francs à Monticelli devant un café de la Cannebière, simplement pour se débarrasser de cet homme dépenaillé avec lequel, ayant un rendez-vous d'affaires, il ne voulait pas être vu, car il ne comprenait rien à cette somptueuse peinture.

«C'était heureusement à l'apéritif du matin, me disait son fils, que le peintre laissa ces trois panneaux sur le marbre de la table. Mon père n'osa pas les... oublier, mais je crois que, le soir, il les eut jetés dans l'eau pourrie du vieux port!...»

On pouvait trouver des œuvres de van Gogh dans les endroits les plus imprévus.

Camoin m'a conté qu'il s'était lié, pendant qu'il achevait son service militaire, avec un médecin-major dont il avait sans doute fait le portrait.

Il lui avoua qu'il possédait quelques peintures assez drôles, reléguées dans le grenier, parce que vraiment, il n'était guère possible de les mettre ailleurs.

Camoin demanda la permission de les voir, prit une échelle, souleva la trappe du plafond et émergea, comme il put, dans la lumière aveuglante de ce débarras, parmi les battements d'ailes des pigeons effrayés qui nichaient là.

Il aperçut plusieurs van Gogh perdus, et, sous les fientes crayeuses des oiseaux, le grand portrait de l'homme à la chemise jaune!

Paul Cézanne abandonnait assez facilement ses toiles, j'en vis plusieurs sous les arbres du Château-Noir, et on sait que Renoir trouva l'aquarelle des *Baigneuses* «en se promenant dans les rochers de l'Estaque», dit M. A. Vollard qui conte, dans une de ces pages vivantes dont son livre est plein, comment il acheta, à Aix-en-Provence, quelques toiles de Cézanne:

«...Les Aixois n'étaient pas gens à se laisser séduire par de pareilles «croûtes». Mais voilà qu'un individu arrive à mon hôtel avec un objet enveloppé d'une toile: «J'en ai un, me dit-il sans préambule, et puisque les Parisiens en veulent, et qu'on fait des coups là-dessus, je veux en être!» Et, défaisant le paquet, il me montra un Cézanne: «Pas moins de cent cinquante francs!» cria-t-il en s'appliquant une forte claque sur les cuisses, pour mieux affirmer ses prétentions, et aussi pour se donner du courage. Quand je lui eus compté l'argent: «Cézanne se croit malin, me dit-il, mais il s'est foutu dedans quand il m'a fait cadeau de ça!» Après avoir donné cours à sa joie, il continua: «Venez!» Je le suivis dans une maison où, sur le palier qui, à Aix, tient lieu généralement de dépotoir, quelques magnifiques Cézanne voisinaient avec les objets les plus disparates...[H]»

*

* *

Je n'aurais jamais osé ramasser une toile crevée ou une aquarelle déchirée par Cézanne, et, à vingt ans, après un exercice militaire ou une manœuvre, on ne songe guère à chercher des tableaux.

J'écrivais quelques vers, en me cachant, et je ne possédais qu'un livre dans mon paquetage, un exemplaire des *Fleurs du Mal* qu'il m'avait donné et dont je parlerai plus loin.

Je n'acquis, à cette époque, qu'un volume en mauvais état: *Le Pays des Arts* de Duranty, et je le payai à peine quelques sous, bien que ce fut une première édition.

Un bon génie m'empêcha certainement de le montrer à Cézanne, car j'ignorais tout de cet auteur et mon innocence était absolue.

Quelque camarade de chambrée me l'emprunta et le perdit.

Je pense aujourd'hui, en frémissant, à la colère du maître, si je lui avais porté ce livre.

Depuis, je l'ai retrouvé sur les quais, dans la boîte d'un bouquiniste. Il coûtait un peu plus cher qu'à Aix, mais c'était toujours la première édition. Cet ouvrage sans valeur ne dut pas connaître la réimpression, et j'y lus l'histoire du *Peintre Louis Morin* qui va voir *Maillobert* dont l'atelier est au fond de la rue de Charonne.

Pour les initiés, ce bohème ridicule ne serait autre que Paul Cézanne lui-même.

Mais voici la charge de Duranty:

«Un de mes amis m'avait souvent parlé du peintre Maillobert comme d'un être fort curieux. Je me décidai un matin à aller voir ce personnage.

«Il demeurait au bout de la rue de Charonne, dans le fond d'une cour occupée par un nourrisseur, un charron et une blanchisseuse, cour pleine de fumier, de poulets, de chiens, d'enfants, de linge étendu et de grosses roues de voiture...

«Au moment de frapper, j'entendis la voix d'un perroquet à l'intérieur. Je frappai. «Entrez!» cria-t-on avec un accent méridional presque extravagant.

«A peine entré, un cri partit intérieurement en moi: «Mais je suis chez un fou!»

«Je me trouvai tout étourdi par le lieu et le personnage... Le peintre, chauve, avec une immense barbe et deux dents d'une longueur extraordinaire qui lui tenaient les lèvres entr'ouvertes, l'air jeune et vieux à la fois, était lui-même, comme la divinité symbolique de son atelier, indescriptible et sordide...

«...Mes yeux furent assaillis par tant d'énormes toiles suspendues partout et si terriblement colorées, que je restai pétrifié.

«—Ah! ah! dit Maillobert avec un accent nasillard, traînant et hypermarseillais, Monsieur est amateur de peinture (peinnn-turrre). Voilà mes petites rognures de palette, ajouta-t-il en me désignant ses plus gigantesques toiles...

«Je me retournai, effaré, car je voyais bien qu'il ne s'agissait pas seulement là d'une rapinade burlesque et joyeuse; je voyais qu'on avait la sensation du génie, de l'apostolat...

«Puis comme il vit que je regardais curieusement une série de grands pots de pharmacie étalés par terre...

«—C'est ma boîte à peindre, me dit Maillobert. Je fais voir aux ottrres qu'avec des drogues j'arrive à la vraie peinture, tandis qu'eux, avec leurs belles couleurs, ils ne font que des dro...guës!... Voyez-vous, reprit Maillobert, la peinture ne se fait qu'avec du tempérament (il prononça temmpérammennte).

«Et ce disant, il brandissait une sorte de grande cuiller à pot en bois, à long manche, avec le bout taillé en biseau...

«Maillobert n'exposait pas, pour de bonnes raisons. Il n'avait même pas voulu, m'apprit-il, tenter le Salon des refusés, alors ouvert...»

Ce passage suffit à donner une idée de cette caricature imbécile et méchante.

Duranty avait été l'ami de Cézanne, tout au moins un de ses camarades au café Guerbois.

Il aimait la peinture qu'on faisait alors, celle de Manet et de Renoir, et il a laissé un roman qu'on ne lit plus et qui est une sorte de chef-d'œuvre en gris majeur: *Les malheurs d'Henriette Gérard*.

Cette charge stupide n'était pas digne de lui, mais j'eus du flair le jour où je ne me vantai pas devant Cézanne d'avoir découvert une première édition du *Pays des Arts*!...

*
* *

J'ai accompagné quelquefois le peintre au château-Noir, une vieille bâtisse sur la route du Tholoret. Cartons bourrés d'aquarelles, toiles jetées contre les murs, tubes de couleurs, tout y était à l'abandon, dans de hautes et vastes pièces démeublées dont les fenêtres donnaient sur un splendide paysage, et l'on songeait à un de ces anciens domaines dont on a fermé le portail à la mort du dernier propriétaire.

Un après-midi d'été, comme j'étais alors caporal, et que je faisais manœuvrer mon escouade sur le bord de la route, je vis arriver la calèche de Cézanne.

Apercevant des soldats, et pensant que je pouvais être là, il mit la tête à la portière.

J'enseignais, à ce moment, le mouvement de *présentez armes*, à mes hommes, et je les laissai dans cette attitude pendant que je serrais rapidement la main qu'il me tendait.

Je lui fis remarquer en souriant qu'on lui rendait les honneurs suprêmes, et il leva les bras, effrayé et goguenard.

Je crois que c'est ce jour-là que j'aperçus sur le strapontin de sa voiture une grande toile à laquelle il travaillait encore et que je vis vendre l'an dernier à l'Hôtel de la rue Drouot.

On dispersait aussi des toiles de Degas et de Renoir, et le marteau d'ivoire du commissaire-priseur, comme une baguette de chef d'orchestre, voltigeait, menant l'*andante* du marché, et l'*allegro* précipité des enchères énormes, devant les grands magnats de la peinture, assis sur des bancs de réfectoire ou d'asile de nuit. Dans l'odeur souveraine propre à cette morgue du bric-à-brac, une odeur de poussière et de vieilles nippes, le public était, comme toujours, classiquement composé: brocanteurs, marchands, amateurs, curieux, et, dans le couloir, les inévitables Orientaux, Arméniens et Juifs, qui ne s'intéressent qu'aux tapis qui sentent la peste et aux poteries de Rhodes ou de la Perse qui sentent encore l'huile rance qu'elles continrent.

Ceux-là, sans se soucier des tableaux anciens ou modernes, baragouinent un sabir rauque et guttural de pirates.

Près de moi, il y avait un de ces petits rentiers miteux qui ont attendu pendant soixante ans, dans quelque administration, l'heure de la retraite, le moment de la déchéance et du rancart. Je devinais qu'il avait coutume de venir là, chaque après-midi, parce qu'il y faisait chaud et que cela ne coûtait rien.

Il gloussait quand un amateur lançait un chiffre à propos d'un dessin de Degas ou d'une esquisse de Renoir, mais quand le Cézanne eut été adjugé à soixante mille francs, il ne se posséda plus.

Il tourna vers moi de pauvres yeux usés dans lesquels l'indignation mettait presque une flamme, un triste visage résigné et barbu, et il osa me dire:

«Ils sont fous, monsieur; soixante mille francs, ça? C'est honteux!...»

Je ne bronchai pas, je le regardai seulement sans bienveillance, et il murmura, ne sachant pas combien il était sublime: «J'en ferais autant!...»

S'il n'eut pas prononcé ces derniers mots, sa critique m'eut fait songer à celle de MM. Fernand Piet, Victor Binet ou Adolphe Willette.

*
* *

«Fils, tu es un homme de génie... tu as le sens pratique de la vie...» C'est ainsi que le peintre qui oubliait de me verser du vin, à table, parlait à Paul Cézanne fils, qui remplissait mon verre en souriant.

Le bon grand homme était ravi de voir «que ça collait», que «nous sympathisions», son fils qui arrivait de Paris, et moi.

Il ne l'avouait pas, mais je devinais, quand il me parlait de «l'enfant» que je ne connaissais pas encore, qu'il se faisait un monde de cette cordiale entrevue...

*
* *

Il s'approchait de moi et il mettait alors sa main devant sa bouche comme s'il allait me confier à voix basse quelque chose qui ne devait être entendue que de moi, mais il me criait le bon mot qu'il semblait devoir murmurer, dans un tonnerre de rires.

Lorsqu'il parlait en réfléchissant, je lui voyais prendre toujours la même attitude: son coude gauche reposait dans sa main droite, et il caressait sa barbiche avec deux doigts de sa main demeurée libre.

*

* *

La peinture était son unique souci et sa préoccupation perpétuelle.

Il y avait un an qu'il n'avait pas vu Charles Comoin lorsqu'il le rencontra à Marseille, dans une rue. Avant de lui serrer la main et de lui demander de ses nouvelles, il lui dit, comme s'il continuait naturellement une conversation qu'ils auraient eue la veille:

«Bonjour, monsieur Camoin. Tout n'est que théories, mais appliquées et développées au contact de la nature!...»

*

* *

Emile Bernard, dans son pieux petit ouvrage, et M. Ambroise Vollard, dans son livre, ont dit à quel point Cézanne avait horreur du moindre contact.

«... Cézanne ne pouvait supporter d'être seulement frôlé. Même son fils, qu'il chérissait par-dessus tout—«Paul est mon Orient», avait-il coutume de dire—n'osait pas prendre le bras de son père sans lui dire: «Pardon, tu permets, papa!»

Et Cézanne, malgré le regard affectueux dont il gratifiait son enfant, ne pouvait réprimer un frémissement[I].

Voici, à présent, ce que conte Emile Bernard[J]:

«Il se trouva que, pour abréger un petit bout de chemin, il me mena dans un endroit escarpé et très glissant. Il marchait devant moi et je le suivais. A un moment, le pied vint à lui manquer et il alla en arrière. Je me portai immédiatement pour le retenir. A peine eus-je mis la main sur lui pour cet office, qu'il entra dans une grande colère, jura et me maltraita, puis il courut devant, jetant de temps à autre des regards craintifs de mon côté comme si j'avais attenté à sa vie...

«Je connaissais depuis trop peu de temps mon vieux maître pour savoir toute la bizarrerie de son caractère... Il rentra dans la maison, en laissant toutes les portes ouvertes comme pour m'inviter... Je vins déposer, dans ma chambre de travail, ma boîte de couleurs.

«Alors que j'y étais, j'entendis s'ouvrir à grand fracas la porte de son atelier, et son pas précipité secoua l'escalier, il surgit, les yeux hors de la tête.

«—Je vous prie de m'excuser, je n'ai voulu que vous retenir de tomber.»

«...Il jura affreusement et me fit peur par sa mine terrible; il balbutiait: «Personne ne me touchera... ne me mettra le grappin dessus... Jamais! Jamais!»

«J'avais beau lui représenter que mon acte avait été cordial et respectueux, que je voulais éviter qu'il tombât. Rien n'y fit...

«...Je rentrai chez moi si attristé que je ne pus souper. Comme j'allais me mettre au lit, on cogna à notre porte. C'était Cézanne; il venait voir comment j'allais de mon oreille... Il fut très aimable et sembla ignorer ce qui avait eu lieu... J'en fus si énervé que je ne pus dormir de la nuit, et le lendemain, en son absence de la maison d'Aix, je fus trouver Mme Brémond...

«—...Il n'a cessé de faire votre éloge hier, toute la soirée, me dit-elle; d'ailleurs, ne vous étonnez pas de cela, il ne peut souffrir qu'on le touche. J'ai vu ici bien souvent des choses en ce genre avec M. Gasquet, un poète qui l'a beaucoup fréquenté. Moi-même, j'ai ordre de passer à côté de lui sans le toucher, même de ma jupe...»

Je dois dire qu'il ne m'est jamais rien arrivé de semblable. Pourtant, il s'appuyait familièrement à mon bras, et, l'ayant souvent aidé à mettre son manteau, j'ai dû l'effleurer plusieurs fois. Je savais du reste qu'il avait horreur du moindre attouchement et, peut-être, ai-je été toujours excessivement prudent.

Renan dit quelque part: «*Nolli me tangere, c'est le mot des belles amours...*»

Ne me touchez pas! Ce cri, dans un recul, me semble aujourd'hui la devise même de l'artiste. Ne signifie-t-il point: Je tâtonnerai, le chemin sera difficile, et, souvent, je manquerai de tomber, mais je ne veux d'aucun secours, je n'ai besoin de personne, et les plus grands ne sont pas capables de me soutenir!...

VIII

Cézanne parle...

(Je publie, dans ce chapitre, des notes recueillies par le fils même de Cézanne, et je n'y ajoute pas une ligne de mon encre, ne voulant pas toucher aux pensées, aux réflexions et aux affirmations du peintre...)

I

Les appréciations de la critique en matière d'art sont formulées moins d'après des données esthétiques que d'après des conventions littéraires.

II

L'artiste doit fuir la littérature en art.

III

L'art est la révélation d'une sensibilité exquise.

IV

La sensibilité caractérise l'individu; à son degré le plus parfait, elle distingue l'artiste.

V

Une grande sensibilité est la disposition la plus heureuse à toute belle conception d'art.

VI

Ce qui séduit le plus, dans l'art, c'est la personnalité de l'artiste lui-même.

VII

L'artiste objective sa sensibilité, sa distinction native.

VIII

La noblesse de la conception nous révèle l'âme de l'artiste.

IX

L'artiste concrétise et individualise.

X

L'artiste éprouve de la joie à pouvoir communiquer aux autres âmes son enthousiasme devant le chef-d'œuvre de la nature dont il croit posséder le mystère.

XI

Le génie est le pouvoir de renouveler son émotion à son contact quotidien.

XII

Pour l'artiste, voir c'est concevoir, et concevoir, c'est composer.

XIII

Car l'artiste ne note pas ses émotions comme l'oiseau module ses sons: il compose.

XIV

L'importance de l'art ne se voit pas dans l'universalité de ses résultats immédiats.

XV

L'art est une religion. Son but est l'élévation de la pensée.

XVI

Celui qui n'a pas le goût de l'absolu (la perfection) se contente d'une médiocrité tranquille.

XVII

On juge de l'excellence des esprits par le développement original de leurs conceptions.

XVIII

Une intelligence qui organise puissamment est la collaboration la plus précieuse de la sensibilité pour la réalisation de l'œuvre d'art.

XIX

L'art est une adaptation des choses à nos besoins et à nos goûts.

XX

La technique d'un art comporte un langage et une logique.

XXI

Une formule d'art est parfaite quand elle est adéquate au caractère et à la grandeur du sujet interprété.

XXII

Le style ne se crée pas de l'imitation servile des maîtres; il procède de la façon propre de sentir et de s'exprimer de l'artiste.

XXIII

A la manière dont une conception d'art est rendue, nous pouvons juger de l'élévation d'esprit et de la conscience de l'artiste.

XXIV

La recherche de la nouveauté et de l'originalité est un besoin factice qui dissimule mal la banalité et l'absence de tempérament.

XXV

La ligne et le modelé n'existent point. Le dessin est un rapport de contraste ou simplement le rapport de deux tons, le blanc et le noir.

XXVI

La lumière et l'ombre sont un rapport de couleurs, les deux accidents principaux diffèrent non par leur intensité générale mais par leur sonorité propre.

XXVII

La forme et le contour des objets nous sont donnés par les oppositions et les contrastes qui résultent de leurs colorations particulières.

XXVIII

Le dessin pur est une abstraction. Le dessin et la couleur ne sont point distincts, tout dans la nature étant coloré.

XXIX

Au fur et à mesure que l'on peint, l'on dessine. La justesse du ton donne à la fois la lumière et le modelé de l'objet. Plus la couleur s'harmonise, plus le dessin va se précisant.

XXX

Contrastes et rapports de tons, voilà tout le secret du dessin du modelé.

XXXI

La nature est en profondeur.

Entre le peintre et son modèle s'interpose un plan, l'atmosphère.

Les corps vus dans l'espace sont tous convexes.

XXXII

L'atmosphère forme le fond immuable sur l'écran duquel viennent se décomposer toutes les oppositions de couleurs, tous les accidents de lumière.

Elle constitue l'enveloppe du tableau en contribuant à sa synthèse et à son harmonie générale.

XXXIII

On peut donc dire que peindre c'est *contraster*.

XXXIV

Il n'y a ni peinture claire ni peinture foncée, mais simplement des rapports de tons. Quand ceux-ci sont mis avec justesse, l'harmonie s'établit toute seule. Plus ils sont nombreux et variés, plus l'effet est grand et agréable à l'œil.

XXXV

La peinture, comme tout art, comporte une technique, une manipulation d'ouvrier, mais la justesse d'un ton et l'heureuse combinaison des effets dépendent uniquement du choix de l'artiste.

XXXVI

L'artiste ne perçoit pas directement tous les rapports: il les sent.

XXXVII

Sentir juste et réaliser pleinement donnent le style.

XXXVIII

La peinture est l'art de combiner des effets, c'est-à-dire d'établir des rapports entre des couleurs, des contours et des plans.

XXXIX

La méthode se dégage au contact de la nature.

Elle se développe par les circonstances. Elle consiste à chercher l'expression de ce que l'on ressent, à organiser les sensations dans une esthétique personnelle.

XL

A priori, les écoles n'existent pas.

La question qui prime tout est celle de l'art en lui-même. La peinture est donc ou bonne ou mauvaise.

XLI

Voir sur nature, c'est dégager le caractère de son modèle.

Peindre, ce n'est pas copier servilement l'objectif: c'est saisir une harmonie entre des rapports nombreux, c'est les transposer dans une gamme à soi en les développant suivant une logique neuve et originale.

XLII

Faire un tableau, c'est composer...

IX

Dans les Cévennes.

A l'automne de 1902, après mon départ d'Aix et ma libération, Paul Cézanne, accompagné de Mme Cézanne et de son fils, vint passer quelques jours dans les Cévennes, chez mon père, qui le reçut de son mieux, sans rien savoir de cet illustre visiteur.

On a dit souvent, avec des histoires à l'appui, que le vieux maître aixois était peu sociable et qu'il était d'une fréquentation difficile, mais vis-à-vis de moi, il fut toujours d'une humeur égale, et pendant son séjour, il fut charmant.

Il était en confiance et ne se méfiait de personne.

Pourtant, mille petites choses auraient pu le mettre hors de lui.

J'avais dit à mon père: c'est un grand peintre dont on parle beaucoup à Paris, et j'ai déjeuné ou dîné chez lui plusieurs fois par semaine pendant mon service militaire...

Simple et droit, ainsi qu'un homme du vieux temps, mon père, qui ne se soucie en aucune façon des peintres et de leur œuvre, accueillit, comme on pouvait le faire à la campagne, le bon bourgeois d'Aix qui avait traité son fils avec tant de bienveillance.

La chasse était ouverte et les cèpes bruns et les oronges carminées tournaient leurs rondes parfumées autour des châtaigniers séculaires.

Il y avait alors à la maison une femme du pays qui savait accommoder le gibier et faire frire à point, dans l'huile d'olive onctueuse et grasse, les champignons.

Je revois Cézanne dans la cuisine, le dos contre le fourneau près duquel j'allais chauffer ma joue d'enfant quand j'avais mal aux dents.

Tous les rêves du monde je les ai rêvés dans cette grande pièce carrelée de briques au rouge usé, pleine de poêlons et de chaudrons de cuivre qui servaient seulement en hiver, quand on tuait le cochon.

Je sais bien que ces souvenirs n'ont de valeur que pour moi, que je ne reverrai probablement plus cette humble cuisine où je ne suis pas rentré depuis la mort de ma mère qu'on enterra la même semaine que Cézanne, mais tant pis, on n'écrit au fond que pour soi.

Devant ce feu, je revois l'enfant studieux et taciturne que j'ai été.

Ma grand'mère lisait attentivement le *Petit Méridional*, de l'article de tête aux *Deux Orphelines*, le roman-feuilleton. Quand une phrase lui plaisait, elle m'en faisait part, et quand elle avait terminé sa lecture, elle me parlait de son enfance. Elle avait eu, comme je l'avais alors, le goût des images et des livres, et chaque fois qu'on cite devant moi une femme qui passe des examens difficiles, je pense à elle.

Elle avait préparé son brevet de capacité, comme elle disait, toute seule, en gardant les moutons dans un mas perdu des Cévennes. Le pasteur protestant lui prêtait quelques volumes et corrigeait ses devoirs, car ni son père ni sa mère ne connaissaient leurs lettres.

Vers 1839, quand on crut qu'elle en savait assez, elle alla concourir à Nîmes pour obtenir ce fameux brevet. Un voisin se rendait justement au chef-lieu avec sa carriole; elle s'assit à côté de lui, le fichu de grosse laine tricoté par sa mère sur un corsage tissé et cousu par elle, sur une pauvre robe de filoselle taillée comme devait l'être celle d'une serve du XIIIe siècle, et, dans un panier, elle emportait une grammaire française, du pain noir, quelque arithmétique, des œufs durs, une Bible et des fruits.

Le voyage dura deux jours.

A Nîmes, elle but du café pour la première fois de sa vie, et, dans la chambre de l'auberge où elle était descendue, elle passa la nuit à lire sa grammaire et sa Bible, perdue dans cette ville qu'elle croyait immense, si seule et si désemparée que tout se mêlait dans sa tête et qu'elle ne savait plus si c'était C. V. Boîste, ancien avocat, auteur du dictionnaire universel de la langue française, qui avait dicté à Moïse la Sainte Loi, ou si c'était Dieu qui avait légiféré au sujet des adjectifs pronominaux indéfinis.

Le lendemain elle fut reçue, et comme le charretier avait terminé lui aussi ses affaires, ils repartirent tout de suite vers Champmorel où ils arrivèrent le surlendemain avant l'aube.

Quand le soleil se leva, et malgré son diplôme, ma grand'mère ôta sa belle robe et alla garder ses moutons...

Dans cette cuisine où se chauffait Cézanne, elle m'apprit à écrire et à lire, elle me conta les histoires fantastiques de cet âpre pays montagneux, celles du *Fantasti* et de la *Bête du Gévaudan*.

Comme j'étais pâlot et délicat, elle m'obligeait encore à manger à quatre heures une énorme côtelette de mouton dont j'avais horreur... Des chanteurs ambulants installaient devant la porte de grands tableaux, naïvement et minutieusement achevés comme des peintures du douanier Rousseau, et qui représentaient les épisodes de quelque crime célèbre. Le plus terrible pour moi était l'assassinat de Fualdès. Les chanteurs montraient la scène d'un coup de gaule sur leur toile, et se mettaient à brailler lamentablement:

«Ecoutez âmes sensibles
L'épouvantable récit...»

Plus tard, vers ma dixième année, un vieil homme qui travaillait chez mon père et qui mangeait à table avec nous me contait, là, les campagnes du Second Empire, car il avait fait deux fois sept ans de service.

L'histoire de France qu'il m'apprit était d'une fantaisie et d'un cocasse prodigieux, et ces leçons se terminaient toujours de la même manière.

Quand ma grand'mère annonçait que le dîner était prêt, le père Cabanel, qui ne songeait qu'aux gloires militaires, tirait de sa poche une pièce de deux sous. Il me disait invariablement:

«L'an prochain tu iras au lycée... Tu en sors avec ton brevet d'officier. Adieu la misère!»

Il faisait alors sauter ses deux sous, les rattrapait au vol et répétait:

«Adieu la misère!»

Je raconte cela pour montrer que je n'ai pas vu Cézanne entre deux trains, que je ne lui ai pas fait de rapides visites comme le firent quelques-uns de ses admirateurs, mais qu'après l'avoir beaucoup fréquenté à Aix, il a vécu un peu dans la maison de ma famille, simple comme un vieux parent qu'on reçoit à l'occasion d'une fête...

*

* *

Il m'avait dit souvent qu'il ferait mon portrait, mais les soldats ne sortent guère qu'au moment où le jour tombe; le dimanche, je préférais peut-être de faciles plaisirs à la pose obligatoire et je ne possède pas le moindre souvenir de lui.

Chez mon père, un matin, il prit une feuille de papier et il y traça plusieurs traits en me regardant.

On nous appela pour quelque promenade, la porte demeura ouverte, un coup de vent enleva sans doute cette vague esquisse que je n'ai jamais retrouvée et que je payerais cher à présent.

Cela d'ailleurs ne me déplaît pas, et je sais trop comment il traitait d'anciens amis qu'il ne voyait plus beaucoup et qui avaient chez eux «*des Cézanne*».

Je dois avouer cependant qu'il me fit un cadeau.

Il me donna son exemplaire des *Fleurs du Mal*, alors que j'étais encore à la caserne.

Ce volume était caché dans mon paquetage, entre la capote numéro un et les chemises matriculées. J'en prenais soin et je l'ai toujours.

C'est l'édition ordinaire de 1899, chez Calmann-Lévy. Le livre est broché et, en tête de la dernière page, Cézanne a noté au crayon, en chiffres romains:

VI-XV-XIX-XXVII-
XXX-LXVIII-LXXIV-LXXXII

D'après ces indications, les poèmes qu'il devait relire le plus volontiers seraient donc:

V.—Les phares.
XV.—Don Juan aux enfers.
XIX.—L'Idéal.
XXVII.—Sed non satiata.
XXX.—Une charogne.
LXVIII.—Les chats.
LXXIV.—Le mort joyeux.
LXXXII.—Le goût du néant.

La couverture est éclaboussée de peinture, elle porte quelques taches rouges et brunes, peut-être aussi l'empreinte d'un doigt qui s'était appuyé contre la palette.

C'est tout ce que je possède: un bouquin maculé de couleurs et le souvenir fort vague d'une ébauche disparue...

*
* *

Pendant ces quelques jours, Cézanne ne me parut pas tourmenté une seule fois par *cette sacré nom de Dieu de peinture*.

Dans la campagne d'Aix où je l'avais si souvent accompagné, il se méfiait, il me semblait marcher maladroitement dans un paysage hérissé de difficultés. Je comprenais qu'il avait interrogé cette nature, étudié cet air, ces plans, ces horizons et ces volumes, et qu'il allait à travers d'innombrables *motifs*.

Il me parut avoir laissé là-bas l'angoisse qui le suppliciait, et il n'avait pas le souci de mettre à leur place, sur une toile, les châtaigniers des combes cévenoles. Le chœur des lois qu'il cherchait à surprendre ne flottait peut-être qu'autour des pins provençaux, et je serais bien en peine de dire ce qu'il pensait de cette région sobre, triste et religieuse que les voyageurs comparent à la Galilée.

Un soir, pour mieux honorer l'hôte, on invita à dîner quelques notables.

Nous étions une quinzaine, et je revois encore Paul Cézanne au haut bout de la table confortablement servie, car mon père est un paysan, mais il en remontrerait à beaucoup de gastronomes qui affirment que la cuisine est le sixième des beaux-arts et qui mettent trop de littérature autour des plats les plus simples.

Les amis de ma famille n'avaient certainement jamais entendu parler du vieillard avec lequel ils soupaient, comme on dit encore dans le Gard, mais ils étaient pleins de déférence.

Pourquoi songer d'ailleurs à les excuser. S'ils avaient vu la peinture de Cézanne, ils auraient sans doute fait la grimace, mais cette grimace eut été moins laide que les sourires de certains confrères, des membres de l'Institut et que la gouaille montmartroise de M. Willette.

Cézanne avait gardé son tricot de laine sous sa jaquette, et il était d'une humeur égale.

Il aurait dû pourtant bondir à chaque mot.

Pour montrer que la peinture les intéressait, deux ou trois convives se mirent à parler de ce qu'ils avaient vu.

Le greffier de la justice de paix possédait son portrait au fusain, enlevé en quelques minutes par un artiste ambulant qui, à l'époque de la foire d'Alais, s'installait avec un carton sur les genoux, devant une terrasse de café, croquait un consommateur et lui offrait ensuite l'image rapide et sinistre moyennant cinquante centimes.

Un autre avait admiré au musée de Nîmes une extraordinaire toile. Le gardien priait le visiteur d'aller à travers l'immense salle, et les yeux de ce portrait si remarquable suivaient tous ses déplacements. Sans doute fallait-il une prodigieuse science pour en arriver là!

Paul Cézanne, résigné, écoutait ces bourdes innocentes sans la moindre colère.

Je songeais à une histoire qu'on m'avait contée et que j'ai retrouvée depuis dans le livre pittoresque, que M. Gustave Coquiot, qui visita Aix, après la mort de Cézanne, lui consacre.

Il était question dans cette histoire d'un banquet et de quelques opinions qu'il valait mieux garder pour soi, en présence du peintre, mais je laisse parler M. Coquiot:

«—...Il fallait qu'il fît pourtant partie de la Société des Amis des Arts, à Aix!» pensa un jour un des jeunes amis de Cézanne, M. Jouven, un photographe artiste qui avait alors ses ateliers un peu en dehors de la ville, au boulevard de l'Armée. Et il décide Cézanne à offrir une toile à la Société en question et à assister au premier banquet qu'elle organisera.

«Cézanne se laisse faire. Sa toile, on l'a mise au-dessus d'une porte; personne ne peut la voir. Au banquet, il y assiste, d'abord tranquille. Mais, au dessert, le président se met à prôner l'éducation dite classique, et il encense Bouguereau, chef vénéré des Salons officiels. Cézanne, bon Dieu! se lève d'un coup; et, tapant du poing sur la table, renversant les bouteilles, il s'écrie: «Il n'y a que Delacroix et Courbet! Vous êtes tous des c...!» Et la porte claque. Le lendemain, il dit à Jouven: «Ça y est! j'ai encore fait des bêtises, je me suis emballé! Mais tout de même, ce sont des j.-f... vos amis des arts...»

A cette table, devant les propos cocasses de ces braves gens, il souriait. J'étais loin de lui et j'entendais seulement sa voix qui protestait quand son voisin souhaitait le voir revenir à un plat:

«Écoutez... M. Larguier, père...»

X

Après la mort.

Je ne devais plus le retrouver[K]. Il m'écrivit quelques lettres que je ne me console pas de ne plus avoir. Il m'eut d'ailleurs été difficile de les publier dans ces pages de souvenirs, car il y étrillait, dru et sans gants, comme il savait le faire, quelques contemporains.

Avant de me quitter, sachant que j'étais sur le point de venir à Paris, il me donna une lettre d'introduction que je devais porter à Octave Mirbeau.

Je n'ai jamais fait beaucoup de visites et je trouvai plus commode d'envoyer par la poste le mot de Cézanne à l'illustre écrivain.

Il est probable qu'il m'attendit, et il ne me répondit point. Il n'avait pas à le faire.

Je sais pourtant que je m'en étonnai naïvement auprès de mon protecteur. Il m'écrivit que je n'étais guère *arriviste*, que ce n'est pas ainsi que j'aurais dû manœuvrer, et qu'il faut être plus adroit pour réussir...

Je ne pus retenir un sourire en lisant ces reproches du vieux solitaire, mort depuis des années et des années, à tout ce qui n'était pas le rêve âprement poursuivi.

Depuis, j'ai acheté tous les ouvrages qu'on a publiés. Je ne l'ai reconnu que dans celui de M. Ambroise Vollard.

On me dit que le sculpteur Maillol travaille à un buste de Paul Cézanne qui doit être érigé sur quelque place de sa ville natale. Les esprits faciles à contenter peuvent penser que cette glorification est juste et que la fête sera belle autour du monument, mais l'amende honorable ne répare pas toujours l'outrage, et, si j'avais le goût des déplacements, je ferais ce jour-là un voyage à Aix, où je ne suis jamais revenu, simplement pour ajouter un chapitre curieux à ce petit livre.

Le triomphe d'un artiste méconnu et méprisé, de son vivant, ne peut être organisé que lorsque a disparu la génération responsable de l'insulte.

Les Aixois nés aux alentours de 1835 ne doivent pas être nombreux, et la vieille ville, indifférente à la gloire du plus illustre de ses fils, peut se réhabiliter en lui offrant le marbre et le laurier.

Son prestige est aujourd'hui souverain.

On m'affirmait récemment qu'un collectionneur avait vendu les tableaux du XVIIIe siècle qu'il amassait depuis longtemps pour acheter des

Cézanne. Il paraît qu'il possède deux cents toiles et qu'il serait ravi de les donner à la ville natale du peintre, si elle souhaitait, un jour, faire un musée Paul Cézanne. J'ai parlé de cette collection, on m'a répondu: «C'est impossible; nous connaissons toute l'œuvre du vieux maître...»

Est-on sûr de la connaître exactement? Sans doute, on a battu le rappel, et tous ceux qui avaient une de ces études qu'il abandonnait parfois en plein champ, chez des paysans, dans une chambre où il ne retournait pas, se sont hâtés de s'en défaire, dès qu'ils ont su que cette peinture à laquelle ils ne comprenaient rien avait quelque valeur[L].

Les écrivains laissent parfois dans leurs tiroirs des œuvres posthumes; les peintres laissent presque toujours des œuvres... apocryphes.

On a fabriqué de faux Cézanne et on doit en fabriquer encore. Il y a de véritables usines d'où sortent des Daumier et des Corot, des Renoir et des Monticelli, et certains truqueurs sont si adroits qu'on pourrait les couronner de la tiare de Saïtapharnès, malgré leur modestie. Je ne veux point parler de ces toiles destinées à l'Amérique ou à des amateurs sans flair que leur snobisme et leur ingénuité disposent aux pires duperies, mais je ne crois pas me tromper en disant qu'il existe des Cézanne perdus. On voudrait assister à une rétrospective de son œuvre. Ce serait d'un intérêt immense.

Les hommes qui ont aujourd'hui cinquante ans n'étaient pas nés quand on trouvait pour presque rien, chez le père Tanguy, les toiles que Cézanne exécuta vers 1870-1875, celles qui dataient de plus loin, de l'époque où il peignait *Un après-midi à Naples*, et *La Femme à la puce*, le *Portrait du nègre Scipion*, *Le Pain et les œufs*, *Le Festin*, *La Léda*, *La Tentation de saint Antoine*, *Le Pacha*, etc.

On ne connaît guère les œuvres de la jeunesse—il est peut-être plus exact de dire: les œuvres de la première manière,—du peintre, que par des reproductions photographiques.

Je me souviens de mon étonnement, un soir où je dînais chez Mme Cézanne qui conservait aux murs de la salle à manger et du salon d'anciennes toiles.

J'en saluai quelques-unes qui m'étaient familières.

Elles dataient probablement de 1898, mais elles étaient semblables à celles sur lesquelles j'avais vu s'acharner le maître d'Aix.

C'était le Cézanne du compotier et des trois pommes, le Cézanne du mont de la Victoire, des natures mortes et des paysages sans empâtements ni reliefs de tons, le Cézanne des jus puissants mais sobres et presque lisses.

A côté de ces compositions, je vis pour la première fois des toiles qui étaient sans doute de l'époque où il peignait *L'Homme au chapeau de paille* et *La Maison du pendu*.

Je sais que je revins au quartier latin, où j'habitais, enthousiasmé, n'ayant pas dit grand'chose au cours de ce repas excellent, et ayant écouté M. A. Vollard, qui était du dîner, et qui parlait de la façon la plus pittoresque, avec des nonchalances et des cruautés de grand félin...

*
* *

On s'est demandé quelquefois si Cézanne avait voyagé.

Malgré son admiration profonde pour Rembrandt et pour Rubens, pour Véronèse et Michel-Ange, il ne visita ni la Hollande, ni la Belgique, ni l'Italie.

Il n'a pas vu la *Ronde de nuit* dans la salle du *Trippenhuis* d'Amsterdam qui mire sa façade cuite et sanglante dans l'eau d'un canal, quand le fin brouillard hollandais permet les reflets et les jeux de lumières.

Qu'eut rapporté le peintre de l'Estaque de la plage de Scheveninguen et de la mer du Nord qu'aimèrent van de Velde et Ruysdael.

Il n'a pas voulu prier non plus, lui, le vieux chrétien, devant l'autel de l'église Saint-Jacques, à Anvers, où est inhumé Rubens, le maître des triomphes et des apothéoses, et il n'a pas eu la curiosité, lui qui savait le latin, d'aller lire l'épitaphe[M] que Gevaertz composa pour son ami.

Il n'a pas fait le pieux et classique pèlerinage de presque tous les artistes à Rome. Lui qui était fou des grands Vénitiens et de Michel-Ange, il ne les a pas vus chez eux.

Il pensa, pendant quelque temps, accomplir un voyage en Espagne, et en 1891 il fit un séjour en Suisse.

Il passa trois mois à Neufchâtel et je ne sais s'il y travailla. Il visita très rapidement Berne, la plus helvétique des villes confédérées; Fribourg, avec sa cathédrale et son pont monumental; Vevey, que Musset entrevit tout clair de pommiers à travers ses larmes; Lausanne pleine d'étudiants, Genève internationale comme un palace au bord d'un lac.

Ses paysages sont ceux de l'Ile-de-France et de sa Provence natale.

Au temps où il suivait les cours de l'Académie Suisse[N], il s'en allait peindre en compagnie de Guillaumin dans un ancien parc, à Issy-les-Moulineaux; en 1870, il travailla à l'Estaque; après la guerre il vint avec Pissarro à Auvers-sur-Oise; il peignit à Barbizon, un peu partout, autour de

Fontainebleau, puis de retour à Aix, voici les paysages de sa vieillesse: les bords de l'Arc, le mont de la Victoire, le Jas de Bouffan, le Tholonet, le Château-Noir, la Montée des Lauves.

Voyager, pour lui, c'était perdre du temps...

*
* *

On a suffisamment interprété l'œuvre de Cézanne sans que je tente moi-même de barbouiller de mon encre le dos des châssis que je l'aidai souvent à porter.

Il m'eût été facile de faire, à mon tour, des commentaires et de donner à ce petit livre un poids inutile qu'il n'aura pas. Je le préfère plus simple et plus léger. Il a été accordé à peu d'hommes de vivre dans l'intimité du vieux peintre. Je n'ai sans doute pas tout dit, mais est-il nécessaire de tout dire? Goncourt, qui n'aimait pas Sainte-Beuve, contait que le critique avait, une fois, entrevu Napoléon à Boulogne, juste au moment où l'Empereur, qui se croyait à l'abri des regards, était en train de pisser, et l'auteur de *Manette Salomon* ajoutait:

«C'est ainsi qu'il a vu tous les grands hommes!...»

Entre le point de vue de Sirius et celui du valet de chambre, il y a peut-être place pour un peu de de vérité.

Si j'ai réussi à me maintenir dans ce juste milieu, je n'ai fait pour cela aucun effort, n'ayant eu qu'à me souvenir de quelques humbles événements autour de cette grande figure solitaire.

Une phrase que j'écrivais plus haut me hanterait pourtant comme un remords si je n'ajoutais ce becquet, et on pourrait peut-être s'y méprendre, croire que j'ai caché quelque chose.

J'avais à parler de Cézanne, je l'ai fait en essayant de travailler comme lui, sans me laisser distraire, en ne pensant qu'au modèle, et j'ai conté à peu près tout ce dont je me souviens.

Je n'ai pas le goût de la charge et j'ai probablement négligé les mots, les attitudes, les manies que ceux qui ne l'ont jamais vu prêtent généreusement au vieux maître.

Sa vie entièrement vouée à la peinture n'eut pas une ombre. Elle fut unie et monotone, et je songe devant elle à l'aventure éblouissante ou tragique que fut l'existence de quelques grands artistes...

Le soir descendait derrière les collines de Fierole et Léonard de Vinci, à la fenêtre de son atelier, regardait le crépuscule sur les toits de Florence.

Une atmosphère de rêve baignait les dômes, les tours, les palais héréditaires, et un vol de ramiers disparaissait du côté de Monte-Albano.

Dans sa robe de velours, barbu comme un saint ou un astrologue, l'altissime peintre voyait les plaines lombardes creusées par lui de canaux fertilisants; la cour du More, à Milan; la duchesse Beatrice; Jean Galéas; Charles VII et Louis XII à la tête des armées françaises. Il souriait en pensant à la construction de sa machine à voler; il avait tout connu et il savait tout.

L'heure était prodigieuse. La trace noire laissée sur la place de la Seigneurie par le bûcher de Savonarole était encore visible; Michel-Ange animait la pierre; au palais Borgia, on relevait la garde romagnole à la porte de bronze du duc César, et Monna Lisa, la femme de Messer Zanobi del Giocondo rentrait de la promenade...

Rubens, sortant des pages d'une princesse, partait pour l'Italie.

Il en revenait avant la trentaine, maître de son art. Il habitait des palais, et, ambassadeur, parlait au nom de son prince. L'archiduc Albert voulut servir de parrain à un premier enfant qu'il eut d'Isabelle Brandt; il était l'hôte des reines, menait un train de grand seigneur, épousait à la fin de sa vie cette belle Hélène Fourment qui était une enfant de seize ans, ambrée et grasse, et son allégresse d'artiste ne s'effara jamais devant les secrets de l'énigme plastique...

Van Dyck fut un svelte, élégant et mélancolique prince, un beau cavalier dont la vie fut une perpétuelle fête, et si j'avais à conter l'existence de Rembrandt, il me semble que j'écrirais un drame que l'on devrait représenter sans allumer le lustre, dans la pénombre d'un théâtre. Toute joie serait bannie de cette pièce hautaine. Le décor serait celui d'une salle enfumée aussi propice aux choses de la cabale qu'à celles de la peinture.

Je ferais pourtant accrocher aux murs les miroirs devant lesquels le vieux sorcier du clair-obscur aimait à peindre, d'après son propre visage, et parmi tout un bric-à-brac fastueux et bizarre, inquiétant et précieux, je ferais passer Saskia en robe d'odalisque ou de juive orientale. Ce serait le drame de l'alchimiste qui a su fabriquer de l'or et qu'on a persécuté...

Ivre de foi républicaine et de pureté antique, David se passionnait pour les ennemis de Danton, et, calme, dans l'orage révolutionnaire, prenait des croquis au pied de la guillotine... Le haut chapeau aux poils rebroussés de Goya était posé sur un cabinet espagnol, et une duchesse ôtait sa robe dans son atelier qu'elle emplissait de tous les parfums de la *Maja desnuda*... Au retour d'un voyage en Orient, Delacroix, en frac irréprochable, passait à son cou une cravate rouge à laquelle pendait une étoile d'émail et d'or, et se rendait ainsi à un gala des Tuileries... Tous ont vécu, fastueux, pauvres, puissants et tourmentés, mais s'il n'y avait pas la peinture dans la vie de Paul Cézanne, il n'y aurait rien.

Il était fait, selon la parole de Shakespeare, de la même étoffe que ses songes.

On ne lui a rien offert, il n'a rien demandé, et il a vécu à l'écart, sans se mêler à rien de ce qui intéresse les hommes, à une époque tranquille, avec l'unique souci de son travail et de son art, et lorsque je me retourne vers ces années de ma jeunesse où j'eus le grand honneur de le voir souvent, j'aperçois un vieillard obstiné, un homme las de sa journée qui revient des champs et des bois, une toile à la main, à l'heure où l'Angélus bénit la petite ville qui l'ignore...

Paris, 1923.

FIN

NOTES:

[A] Paul Cézanne s'exprimait exactement ainsi.

[B] André Salmon. *Cézanne.*

[C] *Cézanne*, par Gustave Coquiot.

[D] A. VOLLARD: *Paul Cézanne.*

[E] Je veux tout de même avouer qu'une des plus grandes déceptions de ma vie me vint au cours d'une visite que je fis, mon livre achevé, à Judith Gautier. Elle habitait rue Washington et elle m'accueillit d'un air lointain, parmi des chats qui déchiraient le velours usé de sièges Louis XIII et le reps grenat de fauteuils Voltaire qui avaient dû appartenir à son père. J'avais dû m'arrêter sur le palier, avant de tirer le cordon de soie chinoise de sa sonnette, car l'émotion me faisait battre le cœur, et j'avais beau savoir que j'allais voir une vieille dame, je ne songeais qu'à la belle jeune fille qu'elle fut dans la maison du maître, à Neuilly, savante et belle comme Hypathie.

Je vis le masque lourd du père Gautier, sans barbe, et elle ne regarda même pas la dédicace de mon livre, occupée qu'elle était à me parler d'un parent qu'elle n'aimait pas.

[F] Claude Monet.

[G] «...*Son rêve, dit M. A. Vollard, eut été de faire poser ses modèles nus en plein air; mais c'était irréalisable pour beaucoup de raisons... Aussi, quelle ne fut pas ma surprise quand il m'annonça, un jour, qu'il voulait faire poser une femme nue! «Comment, Monsieur Cézanne, ne puis-je m'empêcher de m'écrier, une femme nue?»—«Oh! Monsieur Vollard, je prendrai une très vieille carne!» Il la trouva d'ailleurs à souhait et, après s'en être servi pour une étude de nu, il fit, d'après le même modèle, mais cette fois vêtu, deux portraits qui font penser à ces parents pauvres que l'on rencontre dans les récits de Balzac...*»

[H] *Ambroise Vollard:* PAUL CEZANNE.

[I] A. VOLLARD: *Paul Cézanne.*

[J] Émile BERNARD: *Souvenirs sur Paul Cézanne.*

[K] *Paul Cézanne mourut à Aix, le 23 octobre 1906. Il avait eu, quelques jours avant, une syncope dans son jardin où il travaillait à une étude de paysan.*

[L] *Charles Camoin, qui travaillait alors dans le Midi, apprit qu'un petit propriétaire de l'endroit possédait une toile de Cézanne, dont il voulait se défaire. Il alla chez lui sans dire qu'il était peintre, en simple amateur, et l'homme lui présenta le tableau qui était un truquage des plus authentiques.—«Ce n'est pas un Cézanne», dit froidement l'artiste à ce rustique marchand qui eut brusquement l'air d'assister à la mort d'un beau rêve et qui ne put que balbutier, en levant les bras:—«Pourtant!...»*

[M]

Ici repose
Pierre-Paul Rubens, chevalier,
et seigneur de Steen,
fils de Jean Rubens, Sénateur de cette ville.
Doué de talents merveilleux, très docte
et versé dans l'histoire ancienne,
connaissant tous les arts libéraux
et les secrets de la politesse.
Il mérita principalement d'être déclaré
l'Apelle de son siècle et de tous les âges.
Il se concilia les bonnes grâces des monarques et des hommes
supérieurs. Philippe IV, roi d'Espagne et des Indes,
le nomma Secrétaire de son conseil privé,
et l'envoya dans la Grande-Bretagne, en 1629,
auprès du roi Charles Ier.
Il eut le bonheur et la gloire de poser les bases
d'une paix bientôt conclue entre les deux souverains.
Il mourut l'an du salut 1640,
le 30 mai, âgé de 64 ans.

[N] Cette Académie était quai des Orfèvres.